Bismillah ir rahman ir rahim

Bogenschießen mit einem unverschämten Derwisch

Ich suche nach Licht in Gebäuden. Gefunden. Eine Glastür. Eine junge Frau mit Kopftuch sieht mich an der Glastür stehen und öffnet diese. „Selam aleykum." grüße ich die Frau.

„ Aleykum selam."

Rein in das Gebäude zu der wartenden Gruppe, die ich erst mal nicht sehe, sondern einen Regen aus Licht, welcher in der Turnhalle niedergeht. Segen. Ist Segen teilbar? Segen kommt von Allah, dem Vorewigen. Segen ist ewig, deshalb ist Segen meiner Meinung nach nicht teilbar. Endliches ist teilbar und damit vergänglich. Zeit vergeht. Alles in der Zeit vergeht mit ihr. Eine gemeinsame Reise. Das Ewige bleibt. Segen ist Ewigkeit und nicht teilbar, aber jedem Menschen steht es frei, Segen zu bekommen oder abzulehnen. Im Sufismus heißt es, dass man wie eine Katze immer wachsam sein soll und wenn sich ein segensreicher Moment ergibt, heißt es Angriff. Hat man einen Ort gefunden, wo Segen deutlich niederkommt, so sollte man dort, so lange, wie es geht verweilen. Ein Versprechen meiner Seele wird dem Herrn der Seele gegeben. Die Schwester, welche mich anrief und zum Bogenschießen einlud, begrüßt mich. „ Wo kann ich mich umziehen?" frage ich sie und sie zeigt mir den Weg zu den Umkleideräumen. Einige Minuten später stehe ich dann in der Runde der osmanischen Bogenschützen. Der Bogenschießlehrer (Hodscha) fragt jeden, ob er Wudu (Waschung) hat. Vor dem Bogenschießen soll jeder die rituelle Waschung machen, die man auch vor jedem Gebet ausführt. Damit soll ein reiner Zustand hergestellt werden. Aufwärmen ist angesagt und alle sollen gegen den Uhrzeigersinn in der Sporthalle joggen. Es folgen Dehnübungen und das Einteilen in Gruppen. Da ich neu bin, soll ich erst einmal an der Kepaze üben. Die Kepaze ist ein Übungsgerät, das die Bewegung des Bogens simuliert. Ein ca. 30 Zentimeter langer Stock, an dessen zwei Enden Löcher gebohrt wurden und diese wurden durch ein Gummiseil miteinander verbunden. Traditionell ist es so, dass der Bogenschützenanwärter erst 40 Tage lang jeden Tag die Zugbewegung 1500-mal üben soll, bevor er den Bogen in die Hand nehmen darf.

Ich übe also nach Anleitung des Hodschas, was mir gefällt. Auf der Internetseite des Vereins habe ich gelesen, dass der Bogenschießlehrer im Osmanischen Reich auch Scheich genannt wurde, was ich kompliziert finde. Für alle Sufis gibt es nur einen Scheich und das ist der ehrenwerte Scheich Mehmet Adil Efendi. Punkt. Damit es nicht zu Verwirrung kommt, folgt nun eine kurze Erklärung zu diesem Punkt. Scheich Mehmet Adil Efendi ist der eine Scheich. Wenn ich von meinem Scheich schreibe, meine ich damit Scheich Esref Efendi, der von sich selbst sagt, dass nur Scheich Mehmet Adil Efendi der eine Scheich ist und er nur ein Diener von ihm ist. In dem ich also Scheich Esref Efendi folge, diene ich automatisch Scheich Mehmet Adil Efendi. Das sehen nicht alle Brüder und Schwestern genauso und bitten mich manchmal darum, nur von Scheich Mehmet Adil Efendi als Scheich zu sprechen. Beide Ansichten sind aus meiner Sicht in Ordnung und nicht im Widerspruch. Ich achte darauf, mit wem ich zusammen bin und ändere dementsprechend meine Wortwahl. Den Bogenschießlehrer werde ich lieber mit Hodscha ansprechen. Resul Hodscha sagt in der Einführung an der Kepaze, dass jeder, der das Bogenschießen regelmäßig ausübt, niemals einen Buckel kriegen wird. Bei dieser Bewegung werden Muskeln trainiert, die der Mensch in der heutigen Zeit nicht mehr so viel benutzt. Elhamdulillah. Diese Worte finde ich sehr schön und verpacke sie sogleich in ein Gebet, das inshAllah erfüllt wird.

Bismillah ir rahman ir rahim

Ya Allah, bitte öffne das Bogenschießen für die Krankenkassen, damit die an einem kranken Rücken Leidenden den Segen dieser Bewegung zuteil kommt; zu Ehren des Propheten Mohammed, Friede sei auf ihm, Großscheich Nazim, Friede auf ihm, Scheich Mehmet Adil Efendi und Scheich Esref Efendi. Fatiha.

MashAllah! Sehr schön. Ich stelle mir vor, wie die Menschen in Deutschland in den Schulen als Kurs Bogenschießen wählen dürfen oder einen Bogenschießkurs als Reha Maßnahme beantragen dürfen und finde diesen Gedanken sehr schön.

Zurück zur Kepaze. Schulterweiter Stand. Bei Rechtshändern wird der Bogen mit der linken Hand gehalten. Nach links schauen, rechte Hand an das Gummiband, hoch, Zug, das Gummiband wieder zurück zum Bogen bringen, jedoch nicht loslassen. Diese Bewegung sollen eine Frau und ich immer wieder ausführen, am besten, bis die Muskeln schmerzen. So vergehen die Minuten mit dem Training an der Kepaze, während die anderen Schüler fleißig und laut Ya Haqq beim Bogenschießen rufen. Nach einigen Minuten kommt der Hodscha wieder und weist uns beiden Pfeil und Bogen zu, wobei er uns auch noch zeigt, wie wir einen Pfeil an den Bogen legen. Trockenübung. Wir sollen nur das üben und als ich den etwas gespannten Bogen mit Pfeil anhebe, sagt der Hodscha, dass man das nicht macht. Niemals soll man einen gespannten Bogen Richtung Menschen richten.

„Tamam." Sage ich und werde etwas rot. So üben die Frau und ich weiter, bis meine erste Übungsstunde vorbei ist. Der Hodscha teilt uns für den nächsten Sonntag ein, die erfahrenen Bogenschützen bleiben noch und ich gehe mich umziehen. Nach dem Umziehen rede ich noch mit einem Bruder über ein interessantes Thema, nämlich Mansur Halladsch, Friede auf ihm, der den berühmten Satz „ Ana`l haqq."sagte, was so viel wie Ich bin die Wahrheit bedeutet. Ich habe vor, mich mehr mit Halladsch zu befassen.

Die Amsel

Früher Morgen. Die Arbeit beginnt. Eine Werkstatt wird betreten. Ein seltsames Geräusch gelangt an zwei Ohren. Flackert die Deckenbeleuchtung? Nein. Es geht weiter in die kalte Werkstatt. Das Geräusch ist immer noch da. Die Suche nach der Ursache des Geräusches beginnt und dauert nicht lange. An einem Fenster ist zwischen diesem und dem zum Einbruchsschutz angebrachtem Gitter eine Amsel eingezwängt, welche sich bei jedem Geräusch des Werkstattbetreters hektisch bewegt und durch das Fenster in die Freiheit will. Bewegung auf die Amsel zu bedeutet Panik auf Seiten der Amsel. Mit dem Schnabel voran versucht sie, durch die Scheibe in das Freie zu gelangen. Der Abstand zwischen Scheibe und Einbruchsschutzgitter entspricht dem Körperumfang des Vogels und die Position der Amsel ist zu hoch für den Betrachter des Vogels. Ein Stuhl wird gesucht und gefunden. Der Stuhl wird unter dem gefangenen Vogel platziert. Rauf auf den Stuhl und dann nähern sich langsam Hände der Amsel. Diese bewegt sich hektisch und panisch, wenn die sich nähernden Hände sich auf sie zubewegen und wenn die Annäherung stoppt, pumpt der Körper des kleinen Vogels. Ein kleines Herz schlägt am Limit. Immer näher kommen die zwei Hände und überbrücken den letzten Abstand etwas schneller. Mit so viel Vorsicht wie möglich wird der kleine Vogel ergriffen, zwischen dem Gitter hervorgeholt und nach draußen gebracht. Hoffentlich hat der Vogel sich nicht beim Versuch in die Freiheit zu kommen, verletzt. Wenn er sich verletzt hat, wird die Freiheit nicht allzu lange währen. Ein kleiner Augenblick verweilt auch auf der Möglichkeit, dass der kleine Schnabel die rettenden Hände verletzen

können. Diese Möglichkeit beim Rettungsversuch ist auch gegeben. Demjenigen, der die Amsel in die Freiheit bringen will, ist bewusst, dass dies mit einer Gefahr für sich selbst verbunden ist. Das ist bei jeder Hilfe so. Nicht immer wird dem Helfer vom Geholfenen gedankt. Die Amsel wird auf eine Bank gesetzt und freigelassen. Die Amsel fliegt sofort davon.

Elhamdulillah. So ist es auch mit dem Scheich. Wir versuchen die Ewigkeit zu erlangen, doch den Schlüssel zu ihr hat der Scheich. Wenn wir ihn bekämpfen, erleiden wir Schaden. Erkennen wir, dass er nur das Beste für uns will, werden wir ruhiger. Der Scheich sagte mal, dass der Schüler wie eine Leiche in den Händen des Scheichs sein soll. Ruhig soll der Schüler sein und sich nicht bewegen, da sonst, wie bei einer Operation etwas schief gehen könnte. Zu Allah gelangen wir so oder so, denn von Ihm kommen wir und zu Ihm kehren wir zurück, doch mit so wenig schaden wie möglich bedeutet mit so viel Ehre wie möglich. Möge Allah uns allen vergeben und uns inshAllah ruhig werden lassen, wenn der Scheich uns in seine spirituellen Hände nimmt; zu Ehren des Propheten Mohammed, Friede sei auf ihm, Großscheich Nazim, Friede auf ihm, Scheich Mehmet Adil Efendi und Esref Efendi.

Vögel führten zum ersten Bogen. Der erste Bogenschütze war Adam, Friede auf ihm. Mit ihm beginnt zusammen mit der 7000jährigen Geschichte der Menschheit die Zeit des Bogenschießens. Er säte sein Saatgut aus und ein Teil dieser Aussaat wurde von Vögeln gefressen. Um seine Aussaat zu schützen benutzte Adam, Friede auf ihm, fortan Pfeil und Bogen. Das ist auch ein schönes Beispiel für das Agieren auf der endlichen Welt. Alles hat hier seine Grenzen und selbst Adam, Friede auf ihm, seine Reichweite auf der ihm gegebenen Erde war begrenzt. Ihm wurde etwas gegeben, um seine Reichweite zu vergrößern, damit er das ihm Anvertraute schützen kann. Das sollte uns Kindern Adams, Friede auf ihm, auch daran erinnern, dass Bogenschießen zu erlernen und damit auch nützliche Werkzeuge zu erkennen, die unsere guten Taten, welche man als Samen sehen kann, beschützen und vermehren.

Wertung

Wer Wertungen verurteilt, wertet selbst.

Sonntag, der 23.11.2014

Erster Safar. Dieser Monat gilt als Unglücksmonat im Islam, wobei ja Unglück eine Ansichtssache ist. Sufis sollten zu allem, das ihnen passiert „Elhamdulillah" sagen, also Allah danken, denn alles kommt von Ihm, Der die absolute Wahrheit ist. Es ist der zweite Sonntag bei dem Osmanischen Bogenschießen. Meinen ausgefüllten Antrag für den Verein habe ich abgegeben. Traditionell müsste ich jetzt 40 Tage lang an der Kepaze üben, doch ich darf nach kurzer Beobachtung durch den Hodscha an einen Bogen. Trotzdem habe ich die Maße der Kepaze genommen und vor, mir eine zu bauen. Um die Tradition zu ehren, trainiere ich ab heute wenigstens mit einem Reha Band die Zugbewegung 1500-mal am Tag oder wenigstens so oft, wie möglich.

Das Bogenschießen und der Sufismus in der Bhagavad Gita

Die Gita ist in der Form eines spirituellen Gedichts zwischen dem fünften und zweiten vorchristlichen Jahrhundert geschrieben. In ihr geht es um einen Thronanspruch und den damit verbundenen Konflikt. Auf einem Schlachtfeld befindet sich der Fürst Arjuna auf einem

Streitwagen. Vor Furcht überwältigt wegen der Liebe zu seinen gegnerischen Verwandten und seiner Pflicht als Fürst, weigert er sich zu kämpfen. Im 1. Gesang steht dazu:"

47. Nachdem Arjuna auf dem Kampfplatz so gesprochen hatte,

ließ er sich auf den Wagensitz nieder

und legte Pfeil und Bogen weg,

den Geist von Kummer gequält.

Das ist der Zweifel, in dem wir Menschen uns befinden, wenn Allah unserer Seeleden Weg weist, das niedere Ego jedoch nicht gehen will. Fürst Arjunas Wagenlenker ist Krishna, Friede auf ihm, der Arjuna in einem Lehrgespräch (türkisch Sohbet) über seine Pflicht aufklärt.

2. Gesang

17. „Unvergänglich aber – das wisse!- ist das,

wodurch dieses All ausgebreitet wurde.

Die Vernichtung des Unzerstörbaren

kann niemand bewirken."

So ähnlich steht es in der ihlas – i Scherif." Qul huwal-lahu ehad. Al- lahus – Samed. Lem yelid we lem yuled. Welem yekun lehu qufuwen ehad."Übersetzt bedeutet es so viel wie:" Er erschafft, doch ist nicht erschaffen."

3. Gesang

4. „Nicht durch das Nichtausführen von Taten

erlangt der Mensch Tatenfreiheit,

und nicht gelangt man

durch Weltflucht zur Vollendung."

Vom ehrenwerten Scheich Naqshband, Friede auf ihm, ist das Egotraining mit Schwerpunkt auf das Gottgedenken in der Menschenmenge gelegt worden. Heilig zu werden in der Einsamkeit ist leicht, doch heilig werden zwischen Menschen ist schwer.

4. Gesang

17. „Denn auf die Tat muss man achten

und achten auf die unerlaubte Tat."

Damit jede Tat gesegnet ist, fängt man im Sufismus alles mit Bismillah ir rahim ir rahim an; im Namen des Allmächtigen, des Allerbarmers.

5. Gesang

3. „Unter einem stets Entsagenden ist zu verstehen,

wer nicht hasst und nicht begehrt;

denn befreit vom Gegensatzpaar, o Großarmiger,

befreit er leicht sich von der Fessel."

Im Sufismus ist es Pflicht, sich daran zu erinnern, dass alles von Allah kommt und dass es nichts außer Ihm gibt.

6. Gesang

2." Was man Entsagung nennt,

das erkenne als Hingabe, o Pandu- Sohn!

Denn wer den Wünschen nicht entsagt,

kann (auch) nicht Hingabe üben."

Im Sufismus soll man sich auch von seinen Wünschen befreien und diese den Wünschen Allahs unterordnen.

7.Gesang

3." Unter Tausenden von Menschen strebt

kaum einer nach Vollendung."

Die Gefährten Mohammeds, Friede sei auf ihnen, sind wie die Sterne am Himmel. Wer einem von ihnen folgt, erreicht die Vollendung.

8.Gesang

7. „ Darum denk an mich

zu allen Zeiten und kämpfe!"

Im Sufismus geht man den Weg des Gottgedenkens (Zikir) im Herzen, das auch ständig gemacht werden sollte.

9.Gesang

34. „ Auf mich richte den Geist,

mir sei ergeben, mir opfere, mich verehre!"

Im Islam kann man für bestimmte Anliegen opfern oder spenden.

10.Gesang

20. „ Ich bin Anfang, Mitte wie auch

Ende der Geschöpfe."

Von Ihm kommen wir und zu Ihm kehren wir zurück.

11.Gesang

7." Die ganze Welt schaue jetzt,

die bewegliche und unbewegliche,

hier auf einer Stelle, in meinem Leib, vereinigt-

und was du sonst noch sehen möchtest."

Im Sufismus ist die Weisheit der Fatiha (Eröffnende) in der Bismillah verdichtet und das Geheimnis der Bismillah in dem Punkt unter ihr.

12.Gesang

15." Vor dem die Welt nicht zittert,

und wer vor der Welt nicht zittert,

wer von Freude, Unduldsamkeit,

Furcht und Aufregung befreit ist, der ist mir lieb."

Im Sufismus heißt es, dass die Welt erleichtert ist, wenn ein Tyrann sie verläßt und sie trauert, wenn es ein Heiliger ist.

13.Gesang

17. „ Auch von den Lichtern wird es Licht (schlechthin)

genannt,

jenseits der Finsternis.

Wissen, zu wissen, dem Wissen zugänglich

ist es im Herzen jedes (Wesens) zugänglich."

Im Sufismus heißt es, dass Allah nirgendwo in der Schöpfung Platz hat außer in den Herzen der Menschen.

14.Gesang

11." Wenn in allen Toren in diesem Körper

Licht entsteht

als Wissen, dann erkenne

die Güte als erstarkt!"

Es gibt Sufi- Übungen der Chakrenöffnung, wie das Zikir.

15.Gesang

15." Ich bin in eines jeden Herz eingetreten;

von mir (stammen) Erinnerung, Wissen und

Verneinung."

Zikir wird auch still im Herzen gemacht.

16.Gesang

8. „ Unwahr, haltlos, ohne göttlichen Herrscher

nennen sie die Welt,

nicht folgerichtig entstanden;

was sollte sie außer triebhafter Begierde für eine

Ursache haben?"

Im Sufismus heißt es, dass Allah sich einem so zeigt, wie man Ihn erkannt hat.

17. Gesang

10. „Was abgestanden ist, seinen Geschmack verloren hat,

stinkend und fade ist,

Überrest und auch Beschmutztes-

(diese) Nahrung ist den Finsterlingen lieb."

Wenn man den Scheich eine Frage stellt, so ist die erste Antwort die beste. Fragt man die gleiche Frage noch einmal, so erhält man die Antwort, die das Ego hören will.

18. Gesang

78. „Wo der Andachtsherr, Krishna,

wo der Prtha- Sohn, der Bogenträger (weilen),

dort sind Glück, Sieg, Gedeihen, Rechtlichkeit.

Das ist meine feste Meinung!"

Bismillah ir rahman ir rahim. Ich knie auf einem von einem Bruder aus Damaskus mitgebrachten und geschenkten Gebetsteppich, welcher Richtung Kaaba ausgerichtet ist. Rechts neben mir auf dem Teppich ist ein kleiner Behälter mit Zamzan –Wasser. Es heißt, dass, wenn man ein Gefäß mit Zamzan- Wasser in drei Schlucken trinkt und davor „ Bismillah ir rahman ir rahim" sagt ein Wunsch, den man vorher formuliert hat, dieser Wunsch in Erfüllung geht. Meine Bitte im Herzen ist, dass mit dem Trinken dieses Wassers inshAllah alle Kinder Adams, Friede auf ihm, zum Bogenschießen finden. Nun trinke ich das Wasser. Bismillah ir rahman ir rahim.

Konfuzius(Friede auf ihm)

Ungefähr 550 vor Christus wurde er in einem der 13 Nachfolgestaaten des Reiches Chou geboren. Es scheint sicher zu sein, dass Konfuzius als Kind eines Adligen eine Schule für junge Adlige besucht hat, welche für den Hof- und Kriegsdienst vorbereitete. In diesen Schulen wurden drei Haupttugenden gelehrt; Treue gegenüber dem Herrscher, gegenüber dem Lehrer und gegenüber dem Vater. Das ist auch im Sufismus so. Sechs Künste wurden in einer chinesischen Schule gelehrt, nämlich Musik, Tanz, Bogenschießen, Wagenlenken, Schreiben und Rechnen. Einiges von Konfuzius ist überliefert, darunter auch etwas zum Bogenschießen.

Buch III; Kapitel VII.

Der Meister sprach, „ Wer tugendhaft lebt, meidet den Streit. Sagt man, es müsse (zwangsläufig einmal) dazu kommen, soll dies (ausgerechnet) beim Bogenschießen geschehen? Verbeugt er sich doch höflich vor seinen Konkurrenten, steigt so die Stufen hinan,

wieder hinab, und fordert den Bußtrunk ein. Selbst im Streit bleibt er der Chün-tsze (Höherstehender).

Das Bogenschießen zählte im alten China zu den höfischen Disziplinen, in denen man sich zu vervollkommnen hatte. Die Turniere unterlagen einem strengen Reglement, das tugendsames Verhalten förderte und Streitereien vermeiden sollte. Von dem Unterlegenen wurde ein Bußtrunk verlangt. Ein Chun-tsze war vor der Zeit des Konfuzius ein Höherstehender der Oberschicht, welcher aufgrund seiner Herkunft Muße und Mittel zur eigenen Vervollkommnung besaß. Bei Konfuzius ist nun jeder gemeint, der durch sein Bemühen seinen Charakter veredelt hat. Ich muss mal googlen, was dieser Bußtrunk genau war.

Kapitel XVI

Der Meister sprach:" Beim Bogenschießen ist nicht das Durchbohren des Leders das Wesentliche- denn der Menschen Kräfte sind nicht gleich. So hielt man es (jedenfalls) früher!

Schön, was Konfuzius zum Bogenschießen geschrieben hat. Möge Allah alle Konfuzianer ihren Lehrer dafür segnen. Fatiha.

Bußtrunk

Ich habe nichts dazu im Internet gefunden. Vom Propheten Mohammed, Friede sei auf ihm, gibt es jedoch einen Hadit, der den Wettbewerb beim Bogenschießen gutheißt. Man kann also Wettkämpfe beim Bogenschießen veranstalten und der Verlierer kann dem Gewinner ein Getränk spendieren. Mal schauen, wie ich das im Verein einbauen kann.

Tao-Te-King

Das Tao – Te – King, was ungefähr" Das Heilige Buch vom Weg und der Tugend" bedeutet, ist ungefähr 300 vor Christus entstanden. Die genaue Schaffenszeit und der Autor sind schwer zu benennen, dafür ist der Inhalt des Tao-Te-King leicht verständlich geschrieben. Mit Kapitel I fängt das Tao-Te–King an, Allah sehr schön in Seiner Unermesslichkeit zu beschreiben.

„1. Könnten wir weisen den Weg,

Es wäre kein ewiger Weg.

Könnten wir nennen den Namen,

Es wäre kein ewiger Name."

So ist es mit dem Namen Allah. Im Grunde genommen beschreibt dieser Name den Schöpfer, welcher jedoch unmöglich begriffen werden kann, denn was man umfassen und begreifen kann, ist beherrschbar. Allah ist erhaben darüber. Das wird im Tao-Te-King im weiteren Absatz weiter erklärt.

„ 2. Was ohne Namen,

Ist Anfang von Himmel und Erde;

Was Namen hat,

Ist Mutter der zehntausend Wesen."

Im Sufismus wird mit den 99 Namen Allahs gearbeitet, welche Attribute von Ihm sind, doch genau genommen, sagte mein Scheich, gibt es unendliche Namen Allahs und jeden Augenblick werden weitere geschaffen. Jeder Augenblick existiert nur, weil Allah "Sei!" befiehlt und die Dinge Mit Namen in die Schöpfung ruft. Im Tao- Te- King steht noch etwas zum Bogenschießen. Interessanterweise in dem Kapitel, das mein Geburtsjahr ist. Elhamdulillah!

Kapitel 77

„ 183. Des Himmels Weg, wie gleicht er dem Bogenspannen.

Was hoch ist, wird niedergedrückt;

Was tief ist, nach oben gezogen;

Was zu viel ist, wird vermindert;

Was unzureichend, wird aufgewogen."

Der Sufismus ist ein Weg der Mitte. Genau wie beim Bogenschießen soll man die Extreme meiden, um die goldene Mitte zu treffen. Elhamdulillah. Elhamdulillah. Elhamdulillah. Ungeschrieben war der Sufi-Weg. Von Mund zu Mund und Herz zu Herz wurde er weitergegeben, bis er in einem Menschen sein Ziel fand.

Mohammed, Friede sei auf ihm (570- 632)

Jede Silsila, Kette, eines Sufi- Ordens sollte bis zum Propheten, Friede sei auf ihm, reichen. Jeder Baum hat Wuzeln, Stamm und Krone. Oh, du Leser, bitte stehe zu Ehren des Siegels der Propheten kurz auf und bezeuge damit Respekt vor dem, für den alles geschaffen wurde.

Montag, der 1. 12. 2014

3 Uhr morgens. Vor einer halben Stunde bin ich schon aufgewacht. Elhamdulillah. Dann habe ich mich noch hingelegt, da ich erst um 5 Uhr aufstehen muss, doch einschlafen konnte ich nicht mehr. Jetzt schreibe ich über das gestrige Bogenschießen. Ich ziehe den linken Sweatshirt Ärmel hoch und betrachte den Unterarm, der rote Flecken auf der Innenseite hat. Die kinderfaustgroße Beule an dieser Stelle ist zurückgegangen und nur noch die Flecken und der Schmerz sind an der Stelle geblieben, wo die Bogensehne zweimal nach dem Abschuss des Pfeils gegen die Unterarminnenseite geschnellt ist. Die Brüder beim Osmanischen Bogenschießen haben mir erzählt, dass man dort irgendwann riesige Beulen bekommt. Ich habe mir damals, als ich das gehört habe gedacht, dass es so ist, weil die Bogensehne mehrmals gegen den Unterarm schnellt. Diese Beule kam jedoch ziemlich schnell. Nachdem die Bogensehne das zweite und schmerzvollere Mal gegen den Unterarm geschnellt ist, spürte ich durch den Stoff des langen Hemdes eine Wölbung. Ich knöpfte den Ärmel auf und besah mit großen Augen staunend den linken Unterarm. Die Beule hatte sich innerhalb einiger Minuten gebildet und war Eier groß. So etwas hatte ich noch nie erlebt.

„ Das ist normal. Jetzt gehörst du zu uns." sagte der Vertreter des Hodschas und ich sollte den geprellten Unterarm den anderen neuen Bogenschützen zeigen, damit sie sehen, was passiert, wenn man den Bogenunterarm nicht richtig hält. Das Bogenschießen mit der Beule war dann

von der Form her besser, da natürlich der Schmerz gemieden wurde. Einige Tage vor diesem Bogenschießen bin ich im Internet auf interessante Informationen über das Bogenschießen gestoßen, so unter anderem auf den ehrenwerten Sa´ad ibn Abi Waqqas, Friede auf ihm. Bei dem Notizen machen über diesen ehrenwerten Mann bin ich kurz aufgestanden, denn Anstand ist es, wenn Gottesfreunde erwähnt werden, ihnen Respekt zu zollen. Wenn man schon nicht Allah den Respekt zollt, der Ihm gebührt, so sollte es Sitte sein, den Gottesfreunden Ehre zu erweisen.

Sa´ad ibn Abi Waqqas

Er war ein Wegbegleiter des Propheten Mohammed, Friede sei auf ihm. 17 Jahre war er, als er als dritte Person den Islam annahm. Sa´ad ibn Abi Waqqas ist bekannt als der erste, der zur Verteidigung des Islam einen Pfeil schoss. In allen muslimischen Bogengilden gilt er als Scheich der Bogenschützen.

Samstag, der 6.12.2014

13. Tag an der Kepaze. 19 Uhr 30. 600 Wiederholungen an dem Reha Band ausgeführt. Eine halbe Stunde noch und dann wird ein Livestream mit meinem Scheich vom Bodensee übertragen. Elhamdulillah. 700 Wiederholungen. 800 Wiederholungen. Ich lese etwas in einem Bogenschießforum im Internet namens „Fletchers Corner" über die Bogenschützen im Osmanischen Reich. Dort schreibt einer, dass die zwei Wurf Arme des Bogens für die zwei Teile der menschlichen Seele stehen; die sündige und die göttliche. Die Wurf Arme treffen sich im Griff(türkisch ‚Qabza`) und dieser Griff ist so etwas wie ein heiliger Ort. Deshalb wird dieser nach dem Aufspannen des Bogens auch dreimal geküsst. Ein anderes Forum Mitglied schreibt etwas später, dass er sich sicher ist, dass es nicht die Qabza, sondern der Celik ist, welcher die spirituelle Funktion hat. Ich schreibe es mir auf und werde diesen Punkt inshAllah morgen nachfragen.

19 Uhr 43. Ich bin gespannt auf die Sohbet (Ansprache) meines Scheichs. Fünf Kreise sehe ich. Mich. Der Verein Osmanisches Bogenschießen. Fletchers Corner. Die gemeldeten Vereinsbogenschützen. Deutschland. Licht über Licht, inshAllah. Live-Stream funktioniert nicht.

Sonntag, der 7. 12.2014

14. Tag an der Kepaze. 8 Uhr 44. 100 Zugwiederholungen. Nun schreibe ich einen kleinen Text, den ich inshAllah in Fletchers Corner setzen werde. Der Titel ist „Lieber mit Bogenschießen zum König eines gesunden Rückens, als ohne Bogenschießen zum Slaven eines kranken Rückens".

8 Uhr 59. Der Text wurde in Fletchers Corner in ein Forum geschrieben. Mal sehen, was damit passiert und ob er überhaupt drin bleibt. Eine Fatiha spreche ich für den Text aus. 1500 Wiederholungen an der Kepaze sind zum ersten Mal geschafft worden. Elhamdulillah.

10 Uhr 51. 51 Zugriffe auf den Text in Fletchers Corner. Ich spiele noch etwas WoW zur Entspannung vor dem Osmanischen Bogenschießen. Gesammelte Zeitungsartikel gehe ich durch. Was hat mich in den letzten Wochen bewegt? Ein Artikel befasst sich mit Depression nach Gelegenheitssex. Darin steht, dass Gelegenheitssex zu Depression und sogar zu Selbstmordgedanken führen kann. Der Umkehrschluss soll aber auch festgestellt worden sein. Depressive Menschen sollen laut einer Studie häufiger zu Gelegenheitssex ohne Liebesbeziehung neigen. Die Forscher dieser Studie betonen, dass der Zusammenhang

zwischen Gelegenheitssex und geistiger Gesundheit sowohl für Frauen, als auch Männer gezeigt werden konnte. Das ist wie beim Bogenschießen. 1000 und ein Schießen mit nicht völliger Hingabe ersetzt nicht einen Schuss, den man vollkommen ausgeführt hat. Zu was wird man, wenn man sich vollkommen hingegeben hat?

11 Uhr 53. Der Eintrag „ Lieber mit Bogenschießen zum König über einen gesunden Rücken, als ohne Bogenschießen zum Sklaven eines kranken Rücken "bei Fletchers Corner wurde bisher 81 mal gelesen. Elhamdulillah. Für die Leser dieses Eintrages spreche ich eine Fatiha.

Montag, der 8. 12. 2015

15. Tag an der Kepaze. Mein ganzer Körper schmerzt. Gott sei Dank habe ich heute einen Urlaubstag. Gestern beim Osmanischen Bogenschießen ging es sehr sportlich zu. Nach dem Aufwärmen kamen Liegestütze und Kniebeugen. Der Hodscha war wieder da. Nach dem Aufwärmen erzählte er von der Fahrt nach Dresden, wo er mit einigen Leuten berittenes Bogenschießen machte. Er fand diesen Ort nicht schlecht. Inspiration kam ihm dort, was immer ein gutes Zeichen ist, denn Inspiration bedeutet Leben. Er sagte uns, dass es jetzt sportlicher werden wird. Wer beim Bogenschießen nicht Ya Haqq ruft, muss entweder 10 Liegestütze machen oder hinter den Bogenschützen 5 Bahnen rennen. Das ist nur ein Geschmack von dem, was die Osmanen durchgemacht haben, sagte er. Ich fand das gut. Nur wegen der Tradition bin ich ja zum Osmanischen Bogenschießen gegangen. Ich will das auch so traditionell wie möglich ausüben. Deswegen bin ich jetzt neben dem Schreiben beim Training an der Kepaze. Ich benutze dabei den Daumenring aus Metall, weil es gestern mit ihm überhaupt nicht so gut klappte. Die Sehne ist mir oft weggerutscht. Der benutzte Bogen war auch von einem Bruder und wesentlich stärker, als die, mit denen ich davor trainierte. Wir übten zum erstem Mal für mich das Pfeilanlegen ohne Hinzusehen und das dann auch beim Laufen. Das war komplett anders, als beim letzten Mal, wo es meditativer war und mein Ego sich wohl fühlte. Gestern war ich nervös und nicht viel klappte. Das wiederum bedeutete, dass ich mich nicht dem Unmut über meine mangelnde Leistung hingeben durfte. Die innere Mitte suchte ich, fand sie jedoch nicht so richtig. Elhamdulullah. Im Sufismus ist es erstrebenswert, zu allem, das einem passiert „ Elhamdulillah" zu sagen. Möge Allah den gestrigen Bogenschießtag als Gebet annehmen. So, ich denke, dass das hier niedergeschriebene als Aufzeichnung des gestrigen Tages reicht. Ich werde trotz Muskelkater jetzt noch etwas trainieren und dann 400-mal Ya Haqq als Zikir machen.

Mittwoch, der 10.12. 2014; 17. Tag an der Kepaze

19 Uhr 26. 900 Wiederholungen an der Kepaze habe ich heute ausgeführt. Dank Internet habe ich Allah um Segen von dem Propheten Mohammed, Friede sei auf ihm, und dem ehrenwerten Sa`ad ibn Abi Waqqas, Friede auf ihm, gebeten. Es gibt im Internet Fotos von dem Bogen Mohammeds, Friede sei auf ihm und dem Grab Sa`ad ibn Abi Waqqas, Friede auf ihm. Ich bat Allah darum, jedes Mal, wenn ich Bogen schieße, hinter der Sonne Mohammed und dem Mond Sa`ad ibn Abi Waqqas zu stehen und ihr Licht die Welt erhellen zu lassen; nicht meines, Allahs schwächstem Diener. InshAllah. Die Zahlen 5 und 9 sind mir in den letzten Tagen in mein Herz gekommen. Bei der 9 schaue ich in die deutsche Übersetzung des heiligen Korans und finde dort:

<u>Die Buße</u>

Koran; Sure 9. 71

„Die gläubigen Männer und die gläubigen Frauen sind einer des anderen Freund. Sie gebieten das Gute und verbieten das Böse und verrichten das Gebet und zahlen die Zakat und gehorchen Allah und Seinem Gesandten. Sie sind es, deren Allah Sich erbarmen wird. Wahrlich, Allah ist allmächtig, allweise."

Der Tisch

Koran; Sure 5. 106

„O die ihr glaubt! Wacht über euch selbst. Der irre geht, kann euch nicht schaden, wenn ihr nur selbst auf dem rechten Weg seid. Zu Allah ist euer aller Heimkehr; dann wird Er euch enthüllen, was ihr zu tun pflegtet."

Samstag, der 13.12.2014   20. Tag an der Kepaze

Am Donnerstag hatte ich einen Auftritt als drehender Derwisch auf einer türkischen Hochzeit. Elhamdulillah. Dort war ein Hodscha aus Konya, der Stadt des ehrenwerten Maulana Rumi, Friede auf ihm. Es war schön und ich bitte Allah, dass Er den Segen dieses Auftrittes allen Osmanischen Bogenschützen gibt.

Gestern war wieder Zikir und Sohbet mit der Gemeinschaft und auch dort durfte ich mich drehen und bat Allah wieder darum, dass Er den Segen dieses Dienstes allen Osmanischen Bogenschützen gibt. Das Osmanische Bogenschießen ist momentan sehr wichtig für mich. 100 Wiederholungen an der Kepaze habe ich bis jetzt 14 Uhr 10 gemacht. Da ist noch etwas zu machen bis zu einer Veranstaltung heute Abend.

Mittwoch, der 17.12.2014   24. Tag an der Kepaze

Sa´ad ibn Abi Waqqas, Friede auf ihm, lebte von 595 bis 664. Er war einer von den zehn Menschen, denen das Paradies versprochen wurde. Er hielt die Stellung, als in einer Schlacht einige Muslime ihre Position verließen. Möge Allah alle Osmanischen Bogenschützen zu jenen zählen, welche ihre Stellung halten. Fatiha.

Donnerstag, der 18.12.2014   25. Tag an der Kepaze

Ich habe einen dritten Eintrag in deiner Bogenbauer Community geschrieben. Der lautet so:

Komm, wer immer du bist

Osmanische Bogenschule

Komm, wer immer du bist. Vielleicht wirst du nicht zum Robin Hood, doch hier lernst du, vom Reichsten zu nehmen. Komm, wer immer du bist. Wenn du mehr willst, als nur Pfeile zu schießen, so komm. Komm, wer immer du bist!

Zur Osmanischen Bogenschule Berlin, Prinzenallee 8. Hier wird ohne Zweifel dein Inneres veredelt und du zum König. sGd

139 Zugriffe

Freitag, der 19.12.2014   26. Tag an der Kepaze

Heute Morgen auf dem Weg zur Arbeit habe ich an dem Plötzensee eine Grabkerze angezündet und Allah darum gebeten, dass dieses Licht Licht in das Herz jedes in die

brennende Kerze Sehenden bringen möge und dass der Segen dieses Lichtes auf alle Osmanischen Bogenschützen kommen möge.

9 Uhr 27. Es regnet in Berlin. Die Tage werden bis zum kommenden Sommer erst einmal kürzer werden. Ruhephase. Heute Abend werde ich mich inshAllah wieder als drehender Derwisch drehen. Auf der Arbeit läuft alles ganz gut. Vorweihnachtsstimmung. Dem Berliner Wald geht es so gut, wie seit zwanzig Jahren nicht mehr. Elhamdulillah. Für Bogenschützen ist ein gesunder Wald wichtig. Ohne Wald keine Pfeile und Bögen. Ohne Geschöpfe kein Schöpfer. Elhamdulillah. Regen bedeutet Segen. Ein gesegneter Wald bringt das beste Holz für Pfeilen und Bögen hervor. Elhamdulillah. Möge der Berliner Wald weiterhin Allahs Segen erhalten und die Menschen dies auch erkennen und würdigen. Fatiha.

Montag, der 22. 12. 2014   29. Tag an der Kepaze

Muskelkater vom gestrigen Bogenschießen habe ich. Elhamdulillah. Vieles wurde vom Hodscha gesagt und vieles konnte ich mir nicht merken. Doch Geheimnisse über Geheimnisse sind im Bogenschießen versteckt und Licht über Licht bringt sie hervor. Dieses Wissen führt zu der Unendlichkeit.

Verschwunden

Ein Traum. In naher Zukunft wird es eines Tages ein Aufwachen geben und an diesem besonderen Morgen wird ein Wunder geschehen sein. Das geistige Bild einer Frau wird dem Aufgewachten von Allah weggenommen worden sein. Der Aufgewachte wird sich anstrengen, doch mit all seinem Willen und aller Kraft wird er sie sich nicht mehr vorstellen können. Er wird in sich gehen, auf diese neue Entwicklung schauen und merken, dass mit dem inneren Verschwinden der Frau auch die Gefühle ihr gegenüber verschwunden sein werden. Aufmerksamkeit bedeutet ja auf einen Punkt konzentriert zu sein. Der Aufgewachte wird erleichtert sein. Er wird diese Frau nicht mehr genau beschreiben können. Wie ein Phantombild wird sie für ihn sein und das eine Befreiung. Elhamdulillah. Elhamdulillah. Elhamdulillah. Gepriesen sei Allah, der Herr über die Geduld.

Mansur al- Halladsch(Friede sei auf ihm) ca. 858-922

Im Iran wurde dieser Heilige geboren. Als Suchender verschlug es ihn nach Bagdad, wo er die Tochter eines Scheichs heiratete. Nach der Hadsch kehrte er wieder nach Bagdad zurück, wo er an die Tür des führenden Bagdader Scheichs klopfte und auf die Frage" Wer ist dort?"

„ Ana´l Haqq. Ich bin die schöpferische Wahrheit." geantwortet hat.

Auf diese Antwort hin soll er vom führenden Bagdader Scheich Dschunaid, Friede auf ihm, gescholten worden sein.

„ Der Novize ist ein Bogenschütze, der von Anfang an auf Gott zielt und nicht vom Wege abweicht, bis er ans Ziel gelangt ist." Dieser Satz von Halladsch begleitet mich. Ich denke über diesen Satz nach; versenke mich in ihn.

Dienstag, der 23.12.2014   30. Tag an der Kepaze

Ein Tag vor Weihnachten. Pause auf der Arbeit. Ein Zeitungsartikelliegt vor mir, welcher von den Insassen der JVA Tegel handelt, für die Weihnachten die härteste Zeit ist. Die Redaktion der Gefangenenzeitung hat sich etwas ausgedacht. Ein Deal mit einem Erotikfotoanbieter sieht vor, dass dieses Unternehmen eine kostenlose Anzeige bekommt, wenn die

Gefangenenzeitung dafür ein großes Farbposter mit einer nackten Frau drucken darf. Ich schreibe mir den Namen der Gefangenenzeitung auf. Vielleicht öffnet sich hier eine neue Tür. 8500 Exemplare stark soll die Auflage mit dem Poster sein. Mein heutiger Sinnspruch ist" Öffne deine Augen und sieh die Schönheit ringsum." Ich sehe mir die von den Gefangenen gewählte Frau an. MashAllah. Die Zeichen kommen und uns steht es frei, ob wir der Einladung folgen. Ein Bruder erzählte mir einmal von einer Vision des Scheichs. Dieser sah, wie das Sema, das Drehen der Derwische, in die deutschen Gefängnisse kommt. Als ich das hörte, dachte ich nur:" Na toll!" Ich weiß noch, wie ich diese Vision einigen Schwestern erzählte.

Ich: „ Manchmal hat der Scheich wirklich lustige Ideen."

Schwester:" Was meinst du?"

Ich:" Er hat mal einem Bruder erzählt dass das Sema in die Gefängnisse kommen wird, um den Segen davon zu den Gefangenen zu bringen. Ich hörte diese Idee und später sah ich es bildlich vor mir und dachte nur:" Das kann der Scheich allein machen. Ich werde mich nicht in einem weißen Rock ähnlichem Gewand vor Typen drehen, die seit Jahren keinen Sex hatten und denen vorher erzählt wurde, dass sich alles aus Liebe um die Liebe dreht. Das tue ich auf gar keinen Fall." Jeder Schwester, der ich das erzähle lacht über diese Idee. Nun aber ergibt sich die Möglichkeit, etwas in Richtung Visionserfüllung meines Scheichs zu tun. Ich würde zwar heute lieber nur zu Hause bleiben, doch dieser Wunsch kommt vom niederen Ego. Trägheit ist auf diesem Weg nicht ratsam und jeder Kampf gegen sie wird belohnt. Genau heute gibt es nämlich noch ein Treffen von Linken, welche Gefangenen schreiben. Das habe ich mir vorgemerkt. Es ist zwar nicht das Sema, doch vielleicht ein Schritt dorthin. Geschriebene Worte können auch erleichtern, befreien und in dem Leser Liebe erwecken. InshAllah.

10 Uhr 45. Es regnet und mein träges niederes Ego will nicht zur Schreibwerkstatt. Möge Allah mir die Kraft geben, mich dorthin zu begeben und den Segen dieses Ganges dem Propheten Mohammed, Friede sei auf ihm, Großscheich Nazim, Friede auf ihm, Scheich Mehmet Adil Efendi und Scheich Esref Efendi geben. Fatiha.

Im Internet schaue ich dann mal nach, ob ich der Gefangenenzeitung einen Artikel über das Sema schicken kann. Vielleicht kommt der Segen des Drehens so in die Gefängnisse. InshAllah. Zwei Türen der Zukunft befinden sich also heute noch ungeöffnet vor mir. Welche von beiden öffnet sich und was befindet sich dahinter? Das ist spannender, als jeder Adventskalender. Jedenfalls habe ich heute Morgen 10 Briefmarken a`60 Cent für die Schreibwerkstatt gekauft. Die Absicht, dorthin zu gehen, ist da. Auf dem Sufi- Weg lernt man solche Gelegenheiten zu erkennen und zu ergreifen, ohne viel nachzudenken. Ist es gut oder nicht, ist eine Frage, die man sich dabei stellen soll. Da die Sache mit dem Gefangenenschreiben keinem schadet, sondern inshAllah hilft, kann ich es machen. Mal sehen, was sich heute noch daraus ergibt.

13 Uhr 20 „ Das Liede von der Perle" kommt in mein Herz. Das wäre vielleicht etwas für die Gefangenenzeitung. InshAllah.

16 Uhr. Ich fahre doch nicht zu der Schreibwerkstatt. Estagfirullah! Die Adresse der Schreibwerkstatt habe ich markiert. Einmal im Monat machen die Leute dieses Gefangenenschreiben. Dafür habe ich drei Tafeln Schokolade gekauft, für die ein Baum in

Südamerika gepflanzt wird. Ich bitte Allah darum, den Segen dieses gepflanzten Baumes den Machern der Gefangenenzeitung zu geben. Fatiha.

Freitag, der 26. 12. 2014   33. Tag an der Kepaze

12 Uhr 10. Auf dem Weg zum Grab eines Heiligen bin ich. Davor habe ich bei einem Spät Kauf mehrere Dosen unterschiedlichen Inhalts mit angesammeltem Kleingeld gekauft. Gestern habe ich gemerkt, dass die älteren Bestandteile meines Apokalypse Vorrates abgelaufen sind. Die habe ich jetzt vor, nach und nach auszutauschen. So werde ich auch einen Großteil meines Kleingeldes los. Ich kam im Späti in ein Gespräch mit einem Mann, der eine ganze Menge Weltuntergangswissen hatte. Ob dieses Wissen ihm Frieden gegeben hat, weiß nur Allah. Ich muss an ein Gespräch vor einigen Wochen mit der Schwester des Scheichs denken. Sie sagte, dass ein Schamane, der mit Scheich Esref Efendi im Herzen verbunden ist, sie anrief und fragte, was mit den Sufis sei. Die Dergah in der Wissmannstraße wurde ja aufgelöst und dieser Schamane sagte, dass er gesehen hat, wie die Sterne ihre Position gewechselt und die Magnetpole sich verschoben haben. Schwer zu überprüfen. Vielleicht werde ich heute trotzdem noch Scheich Google danach fragen. Heute versuche ich erst einmal das zu erledigen, was in mein Herz kam und bin froh und dankbar, dass Allah mir die Kraft gegeben hat, die Trägheit zu überwinden.

13 Uhr 20. Ich sitze in der u- Bahn Richtung eigene Wohnung. An dem Grab des Heiligen vom Columbiadamm war ich und habe dort gebetet. Der Großscheich hat, als er in Berlin war gesagt, dass in diesem Grab ein Heiliger liegt und dass jedes Gebet, was man dort spricht, direkt zu Allah gelangt. Ich habe an dem Heiligengrab darum gebetet, dass jeder, der den Satz „ Der Novize ist ein Bogenschütze, der von Anfang an auf Gott zielt und nicht vom Wege abweicht, bis er ans Ziel gelangt ist." von Halladsch Friede auf ihm, gelesen hat, den Segen der Osmanischen Bogenschützen bekommt und inshAllah zu ihnen findet. Einige persönliche Bitten von mir waren noch dabei. Das Mittagsgebet in der Sehitlik- Moschee, wo der Friedhof des Heiligen ist, war schon vorbei und ich bin dann mit dem Menschenstrom Richtung U- Bahnhof mitgelaufen. Ich wollte eigentlich noch mit der Ringbahn fahren und dabei Zikir machen, doch anscheinend habe ich im Späti zuviel Kaffee getrunken und mich dabei verquatscht. Nun also bin ich auf dem Rückweg und muss dabei an eine Begebenheit auf dem Hinweg denken. Ein ungefähr 14 Jahre alter Junge kam mit einem Fußball in Form der Welt in die U- Bahn. Er vollführte einige Kunststücke mit dem Ball und stellte sich dann auf den Ball, während er sich mit den Händen abstützte. Der Ball wurde vom Gewicht des Jungen eingedrückt und dieser Junge balancierte auf dem Ball. Dabei erinnerte ich mich an den Satz" Der Heilige hält die Welt in den Händen und nicht die Welt ihn.". Als der Junge ausstieg, sah ich ihm nach. Ein schönes Bild. Ich werde versuchen, mich auch von der Anhaftung der Welt zu lösen, damit Allah durch mich Kunststücke mit ihr vollbringen kann, denn ohne Zweifel ist ER der größte Ballkünstler.

Samstag, der 27. 12. 2014   34. Tag an der Kepaze

Knapp 13 Uhr. Ich sitze in der Ring- Bahn Richtung Gegenuhrzeigersinn, wie beim Sema. Nun hole ich nach, was ich gestern machen wollte. Ich mache la ilahe illa llah Zikir mit der Absicht, dass Allah mit jedem la ilahe illa llah einen Engel erschafft, der einen Menschen innerhalb des Ringes Ya Haqq bis in alle Ewigkeit in das Herz gibt und diesen Menschen inshAllah zum Osmanischen Bogenschießen bringt; zu Ehren des Propheten Mohammed, Friede sei auf ihm, Großscheich Nazim, Friede auf ihm, Scheich Mehmet Adil Efendi und Esref Efendi. Der Ring ist mein anvisiertes Ziel. Ya Haqq.

14 Uhr 39. Ich bin zurück in meiner Wohnung. Die Rundfahrt ist erledigt. Sema im Sitzen. Elhamdulillah. Müde bin ich. Zum Ende der Fahrt wurde es noch interessant. Ein Mann stieg in die U- Bahn nach dem Ring und platzierte sich neben mich mit seinem Rücken an der Scheibe neben mir. Ich saß im Zikir versunken und erst nach einigen Stationen drehte ich mich nach links zu ihm. Die Rückseite seiner Jacke sah ich mir an und staunte nicht schlecht. Oben stand „Wilhelm Tell Club" und darunter war ein Bild von Wilhelm Tell. Unter diesem Bild stand ein Spruch in Sütterlin, den ich nicht so gut lesen konnte. Am Leopoldplatz stiegen wir beide aus und jetzt, wo ich das hier niederschreibe, gehe ich noch mal kurz in das Internet und recherchiere.

„Mach deine Rechnung mit dem Himmel Vogt, fort musst du, deine Uhr ist abgelaufen." Dieses Zitat war auf der Jacke, doch noch etwas mehr. Ich habe vor, nachzuschauen, wie der ganze Text von Schiller heißt.

18 Uhr 30. Scheich Google antwortet, dass die Sterne am Himmel ihren Platz bewahrt haben. Was mache ich also Produktives mit der Information des Schamanen? Mir ist eingefallen, dass ich morgen zum Heiligenfahren kann und Allah darum bitten könnte, dass alle im Sternzeichen Schütze Geborenen den Segen der Fatiha zu geben und mit einem la ilahe illa llah einen Engel zu erschaffen, welcher inshAllah alle Schützen bis in alle Ewigkeit Ya Haqq in das Herz gibt und sie inshAllah zu den Osmanischen Bogenschützen zu führen. Diese Idee gefällt mir. So hätten sich die Sterne zum Schönen verändert!

Montag, der 29. 12. 2014   36. Tag an der Kepaze

12 Uhr 40. Ich bin allein auf der Arbeit. Über Nacht hat es geschneit. Kaffee trinke ich. In eine flache Schale habe ich etwas Wasser gegeben. In diese Pfütze lege ich eine Rose von Jericho. Braun ist sie, zusammengerollt und sieht aus wie abgestorben. Die Wege auf dem Friedhof habe ich vom Schnee befreit. Eine kleine Maschine haben wir dafür, an der man vorne eine Schneewalze anbaut. Die Hauptwege fuhr ich entlang und manchmal gerieten Zweige in die Schneewalze. Als ich anhielt, um die Zweige aus der Schneewalze zu entfernen, kam ich im Anschluss daran kaum von der Stelle. Dabei musste ich an die Entwicklung der Menschen momentan denken. Es scheint nicht mehr die Zeit zu sein, um auf dem Weg wegen jeder Kleinigkeit anzuhalten. Jetzt gibt es noch klarer nur noch Allah und wer Hilfe nicht annehmen will, um den wird sich nicht mehr so groß gekümmert, da man selbst sonst nicht weiter kommt. Jeder wird jetzt mehr in die Eigenverantwortung genommen und wer Hilfe nicht annehmen kann oder will, hat es jetzt noch schwerer. Es ist nicht mehr so viel Zeit da, um manchen Erwachsenen diplomatisch zu zeigen, dass sie sich wie Kinder aufführen. Wer nicht hören will, muss fühlen. Es steht eine große Prüfung bevor und das Lernen kann nicht mehr aufgeschoben werden. Wer den Menschen etwas anderes sagt, ist nicht barmherzig. Ich merke das auch bei mir selbst. Verstärkt kümmere ich mich mehr um mich selbst und schaue, dass mein Umfeld aus gottesfürchtigen besteht. Diese Wahrhaftigen sind eine gute Verbindung zur ewigen Quelle. Ist man mit ihnen, so erblüht das Innere. Die scheinbar tote Rose von Jericho hat sich etwas geöffnet. Jahre war sie ohne Wasser. Ein Staubfänger auf der Arbeit. Geruchlos war sie. Ich gehe mal schnell nach der Post sehen und schaue dann, was der Tag noch so bringt.

Dienstag, der 30. 12. 2014   37. Tag an der Kepaze

9Uhr 30. Frühstückspause auf der Arbeit. Es hat nicht nachgeschneit. Elhamdulillah! Das wird ein lockerer Arbeitstag. Ich habe etwas Schnee geschippt. Nach der Pause werde ich mit

dem Schneebesen die Wege langfahren. Die Rose von Jericho ist nun komplett geöffnet. Heute Abend will ich mit mehreren Brüdern den neuen Film über Moses, Friede auf ihm, ansehen. In dem neuen Film soll er ja auch Bogen schießen. Elhamdulillah. Ya Haqq.

Ich lese gerade in einem Berliner Stadtmagazin etwas über die 100 peinlichsten Berliner. Als 35ter ist dort einer genannt, der auf einer Party war, sich betrank, eine Frau traf, mit dieser Frau auf dem U-Bahnhof Schönleinstraße einen Quicki hatte und dabei aus einer vorbeifahrenden U-Bahn mit Handy gefilmt wurde. Video im Netz. Foto in der Presse. Rausschmiss bei der Freundin. Wie Ali, Friede auf ihm, sagte:" Ist das Wort noch in dir, ist es dein Sklave. Hast du es gesprochen, bist du Sklave deines Wortes." In dem Falle des jungen Mannes müsste es wohl heißen:" Sind deine Kronjuwelen noch in der Hose, bist du König. Dein Königreich ist gefallen, wenn deine Kronjuwelen aus der Hose gelockt wurden." Wir leben in einer Welt der Augen. Man muss sich mehr kontrollieren und darauf achten, was man von sich zeigt oder äußert. Die Schönleinstraße wird sonst schnell zur Stöhnleinstraße und dieser Bruder kann noch so viel duschen; diesen Fleck wird er nicht so leicht weg kriegen. Möge Allah uns davor bewahren und uns nur im besten Bild zeigen. Fatiha.

Zwei Gedanken kamen in mein Herz, die ich mir notiere.

Als zweite Wahl geliebt zu werden, ist eine Erniedrigung.

Die Schöpfung ist ökonomisch. Bei jedem Erschaffenem ist nichts zu viel oder zu wenig. Alles ist perfekt erschaffen worden.

Mittagspause. Einen Leserbrief an die Gefangenenzeitung habe ich geschrieben. Im ersten Entwurf habe ich mich etwas an das „Lied von der Perle" gehalten, doch beim Fahren mit der Schneekehrmaschine ist mir klar geworden, dass das zu esoterisch und deshalb vielleicht schwul rüberkommen könnte. Es sind schließlich Gefangene, die in einer rauen Umgebung leben. Also ändere ich noch mal den Brief und halte ihn schlichter. Hauptsache, Scheich Nazim, Friede auf ihm, kommt darin vor. Lesen Gefangene seinen Namen, haben sie die Perle gefunden. Nach der Mittagspause werde ich die Vögel vor dem Pausenraum füttern und vorher Allah darum bitten, dass alle osmanischen Bogenschützen den Segen für diese Fütterung bekommen sollen.

Interessant ist, dass in Rumänien seit 2013 Häftlinge, die ein wissenschaftliches Werk schreiben 30 Tage Straferlass bekommen. Das führt dazu, dass reiche Häftlinge mit mehr oder weniger wissenschaftlichen Werken ihre Haftzeiten seitdem merklich verringern. Mittlerweile gibt es Verlage, die Gefängniswissenschaft als lukratives Geschäftsmodell entdeckt haben. InshAllah lässt Allah das auch auf mich zutreffen und dieses Werk, falls es jemals veröffentlicht wird, ein paar meiner Sünden verdecken. Pro Seite eine Sünde wäre nicht schlecht. Fatiha.

Mittwoch, der 31.12.2014   38. Tag an der Kepaze

13 Uhr 47. Sylvester. Der Kinofilm „Exodus" gestern war schön und das Kino unerwartet voll. Dafür, dass der Film schon eine Woche in den Kinos läuft, war der Saal gut gefüllt. Elhamdulillah. Muskelkater habe ich von den 1500 Zugwiederholungen gestern. Heute mache ich etwas weniger, da ich bald zur Familie will. Erwähnenswert ist, dass die Zeit an der Kepaze fast mit dem alten Jahr endet. Ein schönes Zeichen, dass es mit dem osmanischen Bogenschießen danach richtig losgeht.

Donnerstag, der 1.1.2015   39. Tag an der Kepaze

Freitag, der 2.1.2015   40. Tag an der Kepaze

Das ist der letzte Tag an der Kepaze. Ich versuche heute zum letzten Mal die traditionellen 1500 Zugbewegungen zu schaffen. Heute ist Mavlid, der Geburtstag des Propheten Mohammed, Friede sei auf ihm. Ein gutes Zeichen. Für mich bedeutet es, weiterhin in das osmanische Bogenschießen tiefer einzutauchen. Gestern war mit einem Bruder beim Grab des Heiligen vom Columbiadamm. Zwei spezielle Bitten hatte ich an Allah. Die erste Bitte war die, dass zu Ehren des Heiligen mit einem la ilahe illa llah ein Engel erschaffen wird, der allen im Sternbild Schütze Geborenen bis in alle Ewigkeit den Segen von Ya Haqq gibt. So wurde die Information des Schamanen in etwas Produktiv- Positives inshAllah umgewandelt. Verbunden mit dieser Bitte war auch noch, dass dieser Engel, die im Sternbild Schütze Geborenen zu dem Osmanischen Bogenschießen führt; zu Ehren des Propheten Mohammed, Friede sei auf ihm, Sa àd ibn Abi Waqqas, Großscheich Nazim, Friede auf ihm, Scheich Mehmet Adil Efendi und Esref Efendi. Fatiha. Das gleiche erbat ich für jene, welche die Yoga- Übung „Der Bogenschütze" üben. Während des Gebets schien die Sonne und tiefer Friede füllte mein Herz, was ich als Zeichen dafür sah, dass diese Bittgebete erfüllt werden.

Nun ist Frühstückspause auf der Arbeit.

9 Uhr 30. Der Schnee ist geschmolzen. Weniger Arbeit für mich. Wenn nicht auf dem Friedhof, der mein Arbeitsplatz ist, randaliert wurde, ist heute der lockerste Arbeitstag der kurzen Woche. Elhamdulillah. Zeitung lese ich. Der Kaffee ist fertig. Mir kam in mein Herz, das Kaffeetrinken ab jetzt als Gebet auszuführen. Kaffee fördert ja die Wachsamkeit, welche von den Sufis angestrebt wird. Die lichtvollen Gelegenheiten wahrzunehmen und wie eine Katze zu packen erfordert Wachsamkeit. So süße ich meinen Kaffee mit Stevia, rühre mit einem Löffel entgegen dem Uhrzeigersinn und bitte Allah darum, dass das Wachmachende dieses Kaffees und ab diesem aller folgenden, welcher ich trinken werde allen Dienern zugutekommt, welche Wachheit benötigen.

Die üblichen Sylvester Geschichten stehen in der Zeitung. Menschen, die leichtsinnig mit Feuer spielten zahlten den Preis. Es gibt sicheres Feuerwerk und unsicheres. Alles ist dementsprechend gekennzeichnet. Das ist Barmherzigkeit. Wer unsicheres Feuerwerk benutzt, braucht sich über die Folgen nicht zu wundern.

Samstag, der 3.1.2015

11 Uhr. In der Bücherei bin ich. Im „Wilhelm Tell" von Friedrich Schiller habe ich den Textgefunden, den ich auf der Jacke des U- Bahnfahrers gelesen hatte. In der dritten Szene ist das der Anfang.

„ Durch diese hohle Gasse muß er kommen,

Es führt kein andrer Weg nach Küßnacht- Hier

Vollend ich`s – Die Gelegenheit ist günstig.

Dort der Holunderstrauch verbirgt mich ihm,

Von dort herab kann ihn mein Pfeil erlangen,

Des Weges Enge wehret den Verfolgern.

Mach deine Rechnung mit dem Himmel, Vogt.

Fort mußt du, deine Uhr ist abgelaufen!

So, damit ist also auch Licht in diese Angelegenheit gekommen. Beim Abschreiben dieses Textes kam mir in mein Herz, mich mal über Küßnacht zu informieren. Der Sufi- Weg ist ein Weg des Herzens und man kann nicht bestimmen, was in das Herz kommt. Auf dem Weg zur Bücherei fiel mir ein Aufkleber an einer Mülltonne auf. Auf diesem Aufkleber war ein schwarz geschriebener Spruch, nämlich" Where is my next chapter?" Sinnvoll, dachte ich mir. Vor allem, wenn aus diesen niedergeschriebenen Gedanken jemals ein Buch entstehen sollte. Alles, was man nur vom Ich heraus in das Buch des Lebens schreibt, gehört in die Mülltonne. Nur, wenn die Null des Egos sich hinter die Eins Allahs stellt, hat das Geschriebene Wert. Der Müll jedoch kann auch recycelt und in Schönes umgewandelt werden. Allah hu alim. Alles ist in der Göttlichen Ordnung.

Ein Tag nach Mavlid. Schön war es gestern Nacht, obwohl es mir körperlich nicht so gut ging. Zeitweise dachte ich ohnmächtig zu werden, da der Sauerstoff in dem Raum für mich etwas zu knapp war. Der ältere Bruder, der die Heilige Nacht leitete, sagte etwas Schönes, das ich für mich schon mal angenommen hatte, jedoch verlor es an Wichtigkeit. Er sagte, dass man die Absicht am Morgen jeden Tages haben sollte, die ganze Welt zu retten. Die Absicht zählt; das Gelingen liegt bei Allah. Jeden Morgen sollte man sich das vornehmen und dann das tun, was man tun kann. Das fand ich schön und es hat mein Herz berührt. Er empfahl auch noch in dieser Heiligen Nacht viel von Allah zu erbitten und eher etwas für andere zu erbitten, als für sich selbst. Meine Bitten sind ja bis hierhin schon beschrieben worden. Ich bat Allah darum, das das Osmanische Bogenschießen die Herzen aller Menschen mit Freude erfüllt, dass das mit der Gefangenenzeitung klappt und andere Dinge, welche in meinem Herzen waren. Mal sehen, wie sich die Dinge entwickeln. Leben bedeutet Bewegung. Was ist ein Zeitpunkt? Ist er nichts anderes als ein Kapitel im Buch des ewigen Lebens? Wenn eines beendet ist, kann entschieden werden, was im nächsten geschrieben wird. Where is my next chapter? InshAllah wird es schöner und schöner und bringt mehr und mehr Menschenaugen und-herzen zum Strahlen. So, genug geschrieben. Das reicht für diesen Ort und diesem Zeitpunkt. Die Energie geht in Richtung Einkaufen und Leute im Internet anschreiben. Das wenige, was ich heute erledigen kann, um die Weltbesser zu machen, tue ich. Den Rest macht Allah. Gute Arbeitsteilung. Erst mache ich etwas für andere und am Ende des Tages etwas für mich.

14 Uhr 50. Der Brief an die Gefangenenzeitung ist fertig. Noch eine Autorin aus Berlin auf Facebook versuchen, zur Fabrik, wo wir Sufis uns am Freitag treffen, einzuladen und schon habe ich mein Pensum für heute erledigt. Jetzt mache ich erst einmal ein kleines Nickerchen mit einer Mind Machine. Ich wähle an der Maschine ein Kreativprogramm aus. InshAllah.

Montag, der 5.1.2015

„ Ich muss dir nachher etwas Schönes erzählen." Sagte am Freitag ein jüngerer Bruder zu mir. Gespannt wartete ich auf das, was erzählt werden sollte. Als es dann so weit war, sagte der Bruder zu mir:" Letztens ist mir bewusst geworden, dass es keine Probleme gibt. Ich habe überall nach Problemen gesucht, jedoch keine gefunden."

„ Diesen Zustand kenne ich. Auch das geht vorbei."

„ Das glaube ich nicht."

„Wenn du das so siehst. Für was betest du dann? Eine Bitte wäre dann ein Widerspruch zu deiner jetzigen Sicht."

„Wenn es Probleme gibt, dann sind es die Probleme der anderen."

„Probleme sind Probleme." Ich bitte Allah darum, diesem Bruder in diesem sehr schönen Zustand noch etwas zu lassen. So erleichtert er Menschen, was in der heutigen Zeit kostbar ist.

Dienstag, der 6.1.2015

„Sicherheit zum Greifen nah." Diesen Spruch habe ich heute Morgen als Aufkleber in einer Tram gelesen. Dazu gehörend war eine rechte Hand abgebildet, die eine Stange umfasst. Das erinnert mich an den Satz, dass wir uns an das Seil Allahs festhalten sollen. Seil. Stange. Stangentanz. Ich werde mal zu Ehren dieser Erinnerung auf Facebook versuchen, mit Stangentänzerinnen Freundschaft zu schließen und sie so in meine Gebete einzuschließen. Sicherheitskette. Ich wollte immer mal eine Stangentänzerin kennenlernen und Fachgespräche mit ihr führen. Ich drehe mich um mein Herz. Die Stangentänzerin dreht sich um die Stange. Wo sind die Gemeinsamkeiten? Was kann sie mir geben? Wie sieht ihr Training aus? Mal sehen, was sich dahingehend öffnet. Während ich dies hier schreibe, bin ich draußen auf der Arbeit. Ich hocke im Gras und mir gegenüber sitzt ein Rotkehlchen auf einem dünnen Zweig. Die ganze Zeit sieht es mich an. Nun, wo ich über das Rotkehlchen schreibe und es zum Gegenstand einer Beschreibung mache, fliegt es davon.

In einem Stadtmagazin hat Allah in der Rubrik" Gruß & Kuss" folgendes Inserat von mir erscheinen lassen. „Bismillah. Möge jeden, der das hier mit Liebe liest, ein Pfeil aus Licht treffen und diese süße Wunde vom neuen Jahr bis in alle Ewigkeit Ya Haqq bluten."

Donnerstag, der 8.1. 2015

Ein Tag nach dem Blutbad in Paris. Ängstliche Menschen kämpfen. Wer erkannt hat, dass es nur Allah gibt, muss Ihn nicht verteidigen, da Verteidigung Zweiheit bedeutet. Mohammed, Friede sei auf ihm, war der Bezeuger der Einheit.

Freitag, der 9.1.2015

Mein unterer Rücken schmerzt. Von wem kommt der Schmerz? An wen erinnert er mich? Erinnerung beinhaltet auch Konzentration. Elhamdulillah sage ich, wenn ein Schmerzstrahl mein Sein auf diesen Punkt bündelt. Der Liebende schickt mir wieder Liebe und als Geliebter bedanke ich mich.

Sonntag, der 11.1.2015

Gestern war endlich wieder ein einigermaßen störungsfreier Live- Stream aus Bodensee. Das lief ja in letzter Zeit nicht so toll von da unten und ich sagte schon zu einem Bruder, dass wenn der Empfang nicht besser wird, ich nicht mehr den Stream ansehen werde. Ich hätte das als Zeichen von Allah gedeutet, dass die Verbindung vom Bodensee zu Allah gestört ist und aus Sicherheit hätte ich mich vom Bodensee ferngehalten aber Elhamdulillah war der Live-Stream gestern ganz gut.

Leserbrief an die Gefangenenzeitung

An die Redaktion des Lichtblickes.

Viel Erfolg wünsche ich euch bei eurer Arbeit. Ihr macht eine wichtige Arbeit sehr gut und bringt Licht in die Dunkelheit, wie Scheich Nazim. Möget ihr weiterhin eure Arbeit machen und euren Lesern weiterhin Erleichterung verschaffen.

Mit Daumen drückenden Grüßen

Andreas

Donnerstag, der 22.1.2015

Zwei Wochen habe ich schon nicht mehr geschrieben. Nun komme ich dazu. Elhamdulillah. Ich sitze in der Bücherei. Die ganze Woche bin ich krankgeschrieben. Rücken. Am Montag bin ich kaum aus dem Bett gekommen und wusste gleich, dass es mit der Arbeit nichts wird. Also ab zum Arzt und Ruhe. In der Ruhe überlegte ich mir, was die Ursachen für die Rückenschmerzen sein könnten. Wenn es eine psychische Ursache ist, dann weiß ich nicht genau was. Ein Punkt ist mir aber rauf den heutigen Gang zur Waage sichtbar geworden. Vier Kilogramm Übergewicht zu meinem idealen Derwisch Gewicht hat die Waage angezeigt. Da das etwas ist, was ich sehe, werde ich daran arbeiten und versuchen, vier Kilogramm bis zu meinem Geburtstag nächsten Monat runterzubekommen. InshAllah. Eine weitere Wunscherfüllung von mir wird inshAllah mit der Gewichtsreduzierung einhergehen. Ich wünschte mir immer einen Box Sack in meiner Wohnung. Gestern stöberte ich wieder einmal in einem Kaufhaus in der Sportabteilung und vier junge Männer waren da. Einer sagte, dass er gerne einen Box Sack und machte dabei eine Schlagbewegung. Mein Wunsch nach einem Box Sack wurde in diesem Moment noch größer und trat in den Vordergrund. Das Arbeiten an dem Box Sack ist ein gutes Ganzkörpertraining und sehr gut, um Aggressionen in positive Energie umzuwandeln. Was hat sich in den letzten zwei Wochen noch so ergeben?

Am Dienstag, den 19.1.2015 war ich mit einem Bruder bei einer Informationsveranstaltung der Internationalen Sufi Bewegung. Meine Trägheit hätte diesen Besuch fast wieder vermasselt. Ich habe auf der Arbeit ein Buch von einem Bruder aus diesem Orden gelesen, der den Ordensgründer Hazrat Inayat Khan, Friede auf ihm, noch selbst gesehen und Schüler von ihm war. Dieser Bruder hat ein Buch mit dem Titel" Die Seele der Steine" geschrieben, das von heilenden Mineralien- Elixieren handelt. Das Buch lag schon Wochen bei mir ungelesen herum. Das Cover und Format gefielen mir nicht. Ich las dieses Buch auf der Arbeit und Licht über Licht kam aus dem Buch in mein Herz. Fast durchgelesen hatte ich das Buch in den Arbeitspausen und mit etlichen `Post- It`s Interessantes Markiert, was ein deutliches Zeichen für die Wichtigkeit für mich anzeigte. Ich dankte Allah für dieses Geschenk. Eine Sache in diesem Buch erschien mir besonders wichtig und ich sagte mir, dass diese eine Sache auf jeden Fall zu mir sollte. Es handelt sich um die Perle als Mineral. Zwei der Perle- Merkmale sind einem gefühlten Schmerz in etwas Schönes zu verwandeln und sämtliche schmerzhafte Erfahrungen die man angesammelt hat zu einem sinnvollem Gazen werden zu lassen. Das finde ich extrem wichtig. Wenn Allah die Barmherzigkeit gibt und nur dieses eine Elixier bei mir diese Wirkung entfalten lässt, würde ich nicht mehr mit Schmerz auf einige Dinge aus der Vergangenheit schauen, sondern mit mehr Freude auf Dinge im Hier und Jetzt. Der Blick in die Vergangenheit verschleiert die Sicht im Jetzt. So können dadurch in der Gegenwart Unfälle geschehen oder in wichtigen Augenblicken die gesamte Kraft fehlen und dementsprechend ist die Wirkung des Augenblickes.

<u>Das Lied von der Perle</u>

Als ich ein Kind war,

ohne Sprache,

und in meinem Königreich wohnte,

dem Haus meines Vaters,

Und mich erfreute in dem Reichtum

und in der Herrlichkeit meiner Ernährer,

Da sandten aus dem Osten, meiner Heimat,

die Eltern mit einer Wegzehrung mich fort;

Und aus der Fülle unseres Schatzhauses

banden sie eine Traglast zusammen,

Groß war sie und doch so leicht,

daß allein ich sie zu tragen vermochte:

Gold aus dem Hause der Hohen,

Silber aus dem großen Ganzak,

Und Chalzedonstein aus Indien,

und Achate aus dem Reiche Kuschan.

Und sie gürteten mich mit dem Diamant,

der Eisen schneidet,

Und sie streiften mir das Strahlenkleid ab,

welches in ihrer Liebe sie mir gewirkt hatten,

Und ebenso meinen safrangoldenen Umhang,

der meiner Gestalt angeglichen gewebt war.

Und sie schlossen mit mir eine Übereinkunft,

und schrieben mir in mein Herz,

auf daß niemals ich vergäße:

„Wenn nach Ägypten Du hinabsteigst

und von dort die eine Perle holst,

Die da liegt inmitten des Meeres,

umschlängelt von der zischenden Drachenschlange,

(Dann) sollst Du Dein Strahlenkleid wieder tragen

Samt Deinem Umhang, der es umhüllt,

Und mit deinem Bruder, unserem Zweiten,

sollst Erbe Du sein in unserem Reiche."

So zog ich weg von Osten und stieg hinab,

geleitet von zwei Angeloi als Gefährten,

und trat ein in die Mauern von Sarbug.

Ich stieg hinab nach Ägypten,

und meine Gefährten trennten sich von mir.

Geradewegs suchte ich die Drachenschlange auf,

verweilte nahe ihrer Bleibestätte,

Sah zu, bis ermattet sie einschlief

um alsdann meine Perlen ihr zu entwenden.

Und da allein und einsam ich war,

blieb ich den Menschen dieser Stätte ein Fremder.

Aber einen Stammesverwandten, einen freien Edelmann

aus dem Osten erblickte ich dort,

Einen Jüngling, schön und anmutig,

einen Gesalbten, und er kam, mir anzuhangen,

Und ich machte ihn zu meinem Vertrauten,

zum Genossen, dem ich meinen Auftrag mitteilte.

Ich warnte ihn vor den Ägyptern

und dem Umgang mit dem Unreinen.

Ich aber kleidete mich gleich ihren Gewändern,

damit sie nicht Verdacht schöpften,

Daß ich von jenseits gekommen, um die Perle zu nehmen,

und sie nicht gegen mich den Drachen weckten.

Doch aus irgendeinem Grunde

Fühlten sie an mir, daß ich nicht ihr Landsmann sei,

Und mischten sich mit mir durch ihre Listen,

auch gaben sie mir zu kosten ihre Speise.

Ich vergaß, daß ich ein Königssohn war,

und diente ihrem König.

Und vergaß sie, die Perle,

um derentwillen mich meine Eltern gesandt hatten.

Und durch die Schwere ihrer Speisen

versank ich in tiefen Schlaf.

Und alles, was mir widerfuhr,

bemerkten meine Eltern und betrübten sich um mich.

Und eine Botschaft erging in unserem Reich,

jedermann solle zu unserem Tore reisen,

Die Könige und Fürsten Parthiens

und alle Großen des Ostens.

Und sie faßten einen Beschluß über mich,

ich dürfe nicht in Ägypten gelassen werden,

Und sie schrieben mir einen Brief,

und jeder Gewaltige setzte seinen Namen darauf:

„ Von Deinem Vater, dem König der Könige,

und deiner Mutter, der Herrscherin des Ostens,

Und von Deinem Bruder, unserem Zweiten,

Dir, unserem Sohn in Ägypten, Gruß!

Gedenke der Perle,

um derentwillen Du nach Ägypten gezogen bist.

Erinnere Dich Deines Strahlenkleides.

Gedenke Deines herrlichen Umhangs,

Auf daß Du sie ankleidest und Dich damit schmückest,

und im Buch der Helden Dein Name gelesen werde

Und Du mit deinem Bruder, unserem Thronfolger,

unser Reich empfangest."

Und mein Brief war ein Brief,
den der König mit seiner Rechten versiegelte,
Zum Schutz vor den Bösen, den Kindern Babels,
und den empörerischen Dämonen von Sarvag.
Der Brief flog in Gestalt des Adlers,
des Königs allen Gefieders,
flog und ließ sich nieder neben mir
und wurde ganz Wort.
Bei seiner Stimme und dem Klang seines Tönens
erwachte ich und stand auf von meinem Schlaf.
Ich nahm ihn und küßte ihn,
und ich löste sein Siegel und las.
Und gemäß dem,
was in meinem Herzen geschrieben stand,
waren die Worte meines Briefes verfaßt.
Ich gedachte, daß ich ein Königssohn wäre
und meine Freiheit
nach ihrer Wesensnatur verlangte.
Ich gedachte der Perle,
derentwillen ich nach Ägypten gesandt ward.
Und ich begann zu bezaubern
die schreckliche und zischende Drachenschlange.
Ich versenkte sie in Schlummer und Schlaf,
indem ich den Namen meines Vaters über ihr aussprach.
Den Namen unseres Zweiten,
und den Namen meiner Mutter,
der Königin des Ostens.

Und ich ergriff die Perle
und kehrte um,
nach meinem Vaterhaus mich zu wenden.

Und ihr schmutziges und unreines Kleid

zog ich aus und ließ es in ihrem Lande,

Und ich richtete meinen Weg, um zu gelangen

zum Lichte unserer Heimat, dem Osten.

Und mein Brief, mein Erwecker,

fand ich (stets) vor mir auf dem Wege.

So wie er mich mit seiner Stimme erweckt hatte,

leitete er mich ferner mit seinem Lichte,

Auf chinesischer Seide mit Rötel geschrieben,

Ich zog hinaus, kam durch Sarvag,

Und gelangte zum großen Mesene,

dem Hafen der Kaufleute,

Das am Ufer des Meeres liegt.

Und mein Strahlenkleid, das ausgezogen ich hatte,

und meinen Umhang, mit welchem es umhüllt war,

Schickten mir von den Höhen Hyrkaniens

dorthin meine Eltern

Durch ihre Schatzmeister,

die wegen ihrer Wahrhaftigkeit damit betraut waren.

Wohl erinnerte ich mich nicht mehr seiner Würde,

weil ich es in meiner Kindheit

in meinem Vaterhaus gelassen,

Doch plötzlich, sobald ich ihm begegnete,

glich die Gewandung mir selbst,

gleich einem Spiegelbilde,

Ich erblickte in mir seine Ganzheit,

und ward in ihm auch meiner Ganzheit gesichtig,

So daß wir zwei waren in Geschiedenheit

und wiederum Eins in einer einzigen Gestalt.

Und auch von den Schatzmeistern,

die es mir gebracht hatten, sah ich ebenso,

Daß zwei sie waren von einer Gestalt,

denn ihnen war das gleiche Mal

des Königs eingezeichnet,

Von dessen Hand ich zurückerhielt

meinen Schatz und meinen Reichtum:

Mein Strahlenkleid, geschmückt

Mit herrlichen Farben.

Mit Gold und mit Beryllen,

mit Chalzedonen und Achaten,

Und verschiedenfarbigen Sardonen.

Auch war es gemäß seiner Erhabenheit gefertigt,

Und mit Diamantsteinen

alle seine Gelenke befestigt.

Das Bildnis des Königs der Könige

war ihm in voller Gestalt überall aufgemalt,

Und auch Saphirsteine wiederum

in der Höhe von verschiedener Art.

Ich sah ferner an seiner ganzen Gestalt

die Regungen der Erkenntnis(Gnosis) aufzucken.

Und wie es sich anschickte,

als ob es sprechen wollte.

Den Klang seiner Harmonien vernahm ich,

die während seiner Herabkunft es wisperte:

„ Ich bin des Dieners Stärkemut,

die gewachsen ist vor meinem Vater,

Und ich gewahrte wohl,

wie meine Gestalt gemäß des Dieners Werken wuchs."

ergoß es sich ganz zu mir hin.

Und an der Hand seiner Darbieter

eilte es, daß ich es nehmen sollte.

Und auch mich drängte meine Liebe

ihm entgegen zu laufen, um es zu empfangen.

Und ich streckte mich hin und empfing es,

schmückte mich mit der Schönheit seiner Farben,

Und zog meinen glänzendfarbigen Umhang

zu Gänze über mich.

Damit bekleidete ich mich und stieg empor

zum Tore der Begrüßung und der Anbetung.

Ich neigte mein Haupt und erbot Ehre

dem Herrlichkeitsglanz des Vaters,

der mir das Kleid gesandt,

Dessen Gebote ich ausgeführt hatte,

wie auch er, was er verheißen, getan.

Und am Hofe seiner Paladine

mischte ich mich unter seine gewaltigen.

Denn er erfreute sich an mir und nahm mich auf,

und ich war mit ihm in seinem Reich.

Und bei dem Ruf der Throne

priesen ihn alle seine Diener.

Und er verhieß mir, daß weiter an den Hof

des Königs mit ihm ich reisen sollte,

Um gemeinsam mit ihm,

meine Perle als Opfer darbringend,

vor unseren König zu treten.

Das Lied der Perle ist ungefähr aus dem fünften nachchristlichen Jahrhundert. Symbolhaft beschreibt es sehr gut den Zustand der Menschen. Aus dem Paradies ab auf die Erde und damit in das Vergessen. Hier heißt es nun wieder erinnert zu werden und auf die kleinen Zeichen zu achten und sich gute Ratgeber zu suchen.

Ich habe mir mehrere Mineralelixiere bei dem Bruder bestellt. Mal sehen, ob Allah mir das zukommen lässt. Auf jeden Fall ist" Die Seele der Steine" von Firos Holterman ten Hove ein schönes Buch, das ich jedem empfehle. Als ich dieses Buch dem Bruder beim Treffpunkt vor der Infoveranstaltung zeigte, nahm er das als Zeichen dafür an, dass es richtig sei, das Treffen zu besuchen. Wir fuhren also zu der Veranstaltung, hörten uns den Beitrag interessiert an und ich fand ihn sehr gut. Tatsächlich ist Hazrat Inayat Khan einer der wenigen Sufis, dessen Bücher ich noch nicht gelesen habe. Eins habe ich vor, mir zu bestellen. Zwei Wochen war beim osmanischen Bogenschießen Pause und bevor es wieder losgeht, kam eine SMS, in der stand, dass wir ab jetzt alle in weiß trainieren sollen, um einheitlicher auszusehen. Elhamdulillah. Ich habe vor Monaten das Gefühl gehabt, dass es farblich bei mir verstärkt in Richtung Weiß geht und dann diese SMS. Elhamdulillah. Da fiel mir gleich die Weiße Bruderschaft ein und ich gehe auch mal einen geistigen Schritt in diese Richtung.

Küssnacht habe ich gegoogelt. Eine Kleinstadt im Schweizer Kanton Schwyz ist es mit 8856 Einwohnern. Meine Absicht ist es, 8856 mal la ilahe illa llah mit dem Herzen zu machen und Allah darum zu bitten, dass Er mit jedem la ilahe illa llah einen Engel erschafft, der bis in alle Ewigkeit einen Einwohner von Küssnacht den Segen von Ya Haqq gibt und ihn inshAllah zum Osmanischen Bogenschießen bringt. Fatiha.

Gedankensplitter liegen vor mir. InshAllah versuche ich daraus Gedankenpfeile zu fertigen und sie mit Ya Haqq zu verzieren. Möge Allah den Raum, den diese Gedankenpfeile zurücklegen, mit Schönheit und Wahrheit segnen; zu Ehren des Propheten Mohammed, Friede sei auf ihm, Großscheich Nazim, Friede auf ihm, Scheich Mehmet Adil Efendi und Esref Efendi. Fatiha. Das Ende der Zeit kommt näher. Wenn man unruhig ist, sollte man sich hinsetzen und wenn man im Sitzen immer noch unruhig ist, sollte man sich hinlegen. Was der Unterschied zwischen all diesen Phasen ist, frage ich mich und in mein Herz kommt die Antwort, dass die Reichweite mit jeder Position geringer wird. Je weniger Reichweite man hat, desto weniger Schaden kann man anrichten. Das ist die Barmherzigkeit dieses Ratschlages. Uns wird abgeraten, auf Demonstrationen zu gehen. Hat man diesen Drang, weil man vielleicht glaubt, dass die Demonstration für etwas Gutes ist, so sollte man wenigstens versuchen, bei dieser zu sitzen. Das kann man bei den meisten nur als Zuschauer. Kann man sich als Zuschauer irgendwo hinlegen, so sollte man dieses tun. Da es momentan kalt ist, wäre die Absicht in eine Tat umgesetzt worden und man wäre mit gutem Gewissen schneller wieder in der Wärme der heimeligen Wohnung, bevor infolge der Demonstration Reibereien auftreten. Befolgt man diesen Rat, so zeigt sich Allahs Barmherzigkeit. Folgt man auch nur einem Teil des Ratschlages, so erhält man auch dann Segen. Es gibt Stufen der Barmherzigkeit. Warnschilder über Warnschilder weisen auf den Abgrund hin. Wenn man nicht hören und sehen will, hat man inshAllah einen guten Freund, der einem einen Fallschirm gegeben und gezeigt hat, wie man diesen benutzt. Ohne Zweifel sind Sufis die besten Fallschirmspringer. Beim Osmanischen Bogenschießen letztes Wochenende wurde vor dem Training ein Hadith des Propheten Mohammed, Friede sei auf ihm, auf Türkisch vorgelesen und dann in das Deutsche übersetzt. Schriftlich soll der Text noch zu mir, doch im Grunde ging es darum, dass Bogenschießen für die Muslime Pflicht ist und wenigstens in jeder Stadt ein Gläubiger das Bogenschießen ausüben soll, damit Segen auf diesen Ort kommt. Kann man Bogenschießen nicht ausüben, so soll man versuchen, einen Bogenschützen zu unterstützen. Nach dem Training war eine Vierergruppe mit mir inbegriffen noch essen und sprachen darüber, wen wir aus der Gemeinschaft mit dieser Empfehlung zum Bogenschießen erreichen können. Im Gespräch öffnen sich Türen und das

fand ich sehr interessant. Beim ersten Training des Osmanischen Bogenschießens hatte ich das Gefühl, dass es ganz Deutschland und dann Europa erobern wird. Jetzt geht es in diese Richtung. Elhamdulillah. Ich kenne einen Bruder in Münster und einen in Köln, welche diese Information der Bogenschießempfehlung ohne Skepsis aufnehmen werden. Das werde ich über Facebook erledigen. Den Rest macht Allah. Viele Menschen kennt man, doch nur wenige nehmen diese Information, in der eine Verpflichtung enthalten ist, an. Man tut, was man kann; jeder entsprechend seiner Reichweite. Das führt zu etwas, dass ich tun kann. Ich befinde mich in einer Bücherei. Hier will ich noch einen Artikel für die Monarchie Zeitung schreiben, dass irgendwie das Bogenschießen für die Leser schmackhaft macht. Himmat ya sayyidi. 40000-mal la ilahe illa llah habe ich für die deutschen Bogenschützen im Herzen gemacht. Möge Allah meine Bitte erfüllen und 40000 Engel erschaffen, welche inshAllah bis in alle Ewigkeit den deutschen Bogenschützen den Segen von Ya Haqq geben. Fatiha.

22 Uhr 30. Einige Minuten Kerzenmeditation habe ich gerade gemacht und musste an den Spruch" Eine Kerze erhellt einen dunklen Raum." Denken, sowie an die Geschichte vom Falter und der Kerze, welche von Halladsch, Friede auf ihm, schriftlich wiedergegeben wurde.

Der Falter fliegt um das Kerzenlicht,

Bis der Morgen anbricht,

Und kehrt zu seinesgleichen zurück,

Berichtet ihnen von des Zustandes Glück

Mit lieblichstem Wort.

Dann vereint er sich mit der koketten Schönheit,

Begierig, zur Vollkommenheit zu gelangen.

Das Licht der Kerze ist das Wissen von

der Wirklichkeit.

Ihre Wärme ist die Wirklichkeit der

Wirklichkeit.

Das Gelangen zu ihr die Wahrheit der

Wirklichkeit.

Er begnügt sich nicht mit ihrem Licht,

Mit ihrer Wärme nicht,

Und wirft sich ganz hinein,

Und seinesgleichen erwarten seine Rückkehr,

Damit er ihnen von der Schau berichte,

Da er nicht mit der Kunde sich begnügt.

Und da entschwindet er, vermindert sich,

Verflüchtigt sich

Und bleibt ohne Spur oder Leib, ohne

Namen und Zeichen.

Weshalb sollte er zu den Formen zurück-

kehren

Und in welchem Zustand, nachdem er

gewonnen hat?

Wer zu Schau gelangt, bedarf nicht mehr

der Kunde;

Wer zum Geschauten gelangt, bedarf

nicht mehr der Schau.

Diese Geschichte wurde oft geschrieben und erzählt, doch Halladsch sein Leben bezeugte die Sehnsucht, wie die des Schmetterlings. Lieber Leser, meditiere in einem dunklen Raum über einer brennenden Kerze und gedenke Halladsch, der in dieser Flamme aufging. Der Wille zur Selbstaufgabe ist die größte Willensanstrengung.

Sonntag, der 27.1.215

Das Lied der Thermoskanne

Lasse dich am Morgen,

wenn du noch leer bist

mit heißem Chai füllen.

Ist dann das Wetter kalt,

so wärmst du dich

von deinem Chaivorrat.

Kommt jemand

und bettelt um Wärme,

so kannst du

ihm etwas geben.

Chai is the half way

sagte Großscheich Nazim.

Wer die Hälfte des Weges

gegangen ist,

steht auf der Spitze des Berges.

Ab da wird alles einfacher.

InshAllah!

Lasse dein Volumen größer werden

und erreiche so

weiter entfernte

und höhere Berge.

Lass dein Herz sich morgens weiten

und inshAllah lächelst du

dankbar über Sorgen.

Mittwoch, der 28.1.2015

Soll man einen Schuldenschnitt bei Griechenland machen? Diese Frage finde ich interessant. Man arbeitet mit Griechenland an einem größeren Projekt. Man hat diesem Land Geld geliehen und von den Zinsen profitiert. Griechenland war am Rande des finanziellen Zusammenbruches. Eine Rettungsaktion wurde gestartet und Sparmaßnahmen verordnet, wie nach einem Arztbesuch. Der Patient Griechenland hat sich scheinbar stabilisiert, doch die Zinslast ist fast unmöglich abzubauen. Ein Schuldenschnitt wäre eine Möglichkeit, doch dann würde der Einfluss auf die Griechen schwinden. Griechenland wäre nach dem Schuldenschnitt wieder selbstbestimmter. Europäer tun sich schwer mit Beschneidungen. Man könnte diesem beschnittenen Griechenland nicht mehr so befehlen, wie jetzt, dürfte ihm aber auch nicht wieder Kredite geben, wie in der Vergangenheit. Wer will schon die Last eines bankrotten Staates mittragen? Wenn ein Mensch die Last eines anderen trägt und beide daran zugrunde gehen drohen, muss die Trennung zum Wohle beider geschehen. Es ist schön, wenn man sich tragen kann. Dann kann man sich ertragen. Derjenige, welcher mehr in die Beziehung eingebracht hat, sollte auf Rückgabe des Gegebenen verzichten, sonst ist man

wieder in einer Beziehung mit einer negativen Kraft. Schulden sind eine Last. Der Verzicht auf die Rückgabe des Gegebenen ist ein Schuldenschnitt. Man schneidet die Last von einem selbst ab. Das erleichtert manchmal. Hat man im Namen des Schöpfers gegeben, so hat man niemals Verlust gemacht, sondern immer Gewinn. Die gebende Hand zu sein, ist ein Zeugnis größten Wohlstandes. Mit einer Schuld aus einem Geschäft ist man immer noch mit dem anderen verbunden und trägt weiterhin Last. Ein Schuldenschnitt ist Barmherzigkeit. Der Schöpfer gibt und erwartet keine Gegenleistung, denn ein Geschöpf kann dem Schöpfer nichts geben. Sich am Schöpfer zu orientieren bringt Ehre. Man sollte keine Geschäfte mit Menschen machen, sondern agieren wie der Schöpfer. Das bedeutet, gib ohne etwas im Gegenzug zu erwarten. Wenn du Liebe gibst und Liebe dafür erwartest, machst du ein Geschäft aus der Liebe. Verlieren wirst du mit dieser Haltung in jedem Fall. Liebst du, wie Allah es tut und erwartest keine Gegenliebe, so ist diese Art der Liebe wahrhaftig selbstlos und du kannst nie enttäuscht werden. Möge Allah Einsicht in Herzen der Staatsoberhäupter geben. Fatiha.

Donnerstag, der 29.1.2015

8 Uhr 20. Gestern habe ich die Nachricht bekommen, dass eine deutsche Schwester, welche vor ungefähr zwei Wochen einen Hirnschlag hatte und in das Koma gefallen ist, von dieser Welt gegangen ist. Am Vortag habe ich darüber mit einer Schwester geredet und beide freuen wir uns über die Art des Gehens der Schwester. Fest im Glauben zu gehen ist die beste Art zu gehen. Bei der von der Welt gegangenen Schwester habe ich keinen Zweifel, dass sie das war. Ich sorge mich eher um mich, denn auf diesem Weg kann man schnell fallen und wenn ich die Wahl zwischen ihrer Art des Gehens und einem noch ungewissem Ende von mir wählen dürfte, so würde ich ihre Art des Gehens wählen. Heute ist in der Sehitlik Moschee die Gemeinde und betet für sie. Aus Erfahrung weiß ich, dass der morgige Tag an dem Versammlungsort in der Fabrik gedrückt sein kann. Der Grund, weshalb ich jetzt darüber schreibe, ist ein Gedanke zum Anstand der mit ziemlicher Kraft in mein Herz kam. Eine Frage kristallisierte sich klar heraus, die ich InshAllah morgen stellen werde." Ist es anstandslos, sich für eine Hochzeit ohne himmlische Empfehlung zu freuen, jedoch bei einer himmlischen Hochzeit zu trauern?" Der Versammlungsort ist eine spirituelle Schule und sich über etwas Ungesegnetes zu freuen, bei etwas Gesegnetes zu weinen, ist meiner Meinung nach nicht anständig. Adab ya Hu. Jetzt scheint auf einmal die Sonne auf das Geschriebene. Elhamdulillah. Diese Frage kann einen nur voranbringen. Sie ist nicht gefühllos, sondern mit dem meisten Gefühl, denn sie fragt nach dem richtigen Verhalten dem Schöpfer gegenüber.

9 Uhr. Sich über etwas zu ärgern, wo Segen ist und sich über etwas ohne Segen zu freuen, ist verrückt. Das ist auf den Kopf gestellt. Jeder, der es kann, sollte mal den Kopfstand ausprobieren. Die Sicht auf die Welt ändert sich dann. Die Heiligen sind in der Welt, um die Sichtweisen der Menschen wieder zu ordnen. Wenn alles geordnet ist, ist die Erde wie das Paradies. Unordnung ist die Hölle. Rücksicht auf Gefühle anderer Menschen zu nehmen und ihnen damit das Paradies zu verwehren ist Grausamkeit. Das Leiden erschafft man selbst. Höheres Wissen ist Anstand. Anstand ist Haqq. Wo Wahrheit ist, gibt es nichts anderes.

11 Uhr 44. Nach der Arbeit habe ich einiges vor. Elhamdulillah. Training für das Osmanische Bogenschießen, Wäsche waschen, Ordensbrüder über Facebook anschreiben und zum Segen des Osmanischen Bogenschießens einladen.

Samstag, der 31.1.2015

Einunddreißig E-Mails mit der Einladung zum Segen des Bogenschießens habe ich verschickt. Sechs Adressen waren nicht zu finden, also sind 25 Einladungen in ganz Deutschland zu Mitgliedern einer Sufi-Organisation gelangt. Ich werde 25 mal la ilahe illa llah mit der Absicht sagen, dass Allah mit jedem la ilahe illa llah einen Engel erschafft, der die Anschriftsorte bis in alle Ewigkeit den Segen von Ya Haqq gibt, zu Ehren des Propheten Mohammed, Friede sei auf ihm, Großscheich Nazim, Friede auf ihm, Scheich Mehmet Adil Efendi und Esref Efendi.

Sonntag, der 8.2.2015

10 Uhr 15. Müde bin ich. Einen Pfeil habe ich gerade repariert. Aus zwei zerbrochenen habe ich einen ganzen gemacht. Diese Woche war bisher sehr ereignisreich. Gestern habe ich einem Bruder beim Umzug geholfen und dabei auch noch neue Leute kennengelernt. Dadurch haben sich wieder neue Türen geöffnet. Freitag war es in der Fabrik auch interessant. Eine Frau vom Radio war da und hat das Zikir aufgenommen. Am Donnerstag war eine Besprechung mit dem Hodscha des Bogenschießens. Ein Verband soll gegründet, die Internetpräsenz professionalisiert werden und die Menschen entsprechend ihrer Fähigkeit und Bereitschaft optimal eingesetzt werden. Elhamdulillah. Medienarbeit. Kleidung. Internetpräsenz. Visitenkarten. Der Hodscha legt ganz schön los. Mehrere Kontakte wurden geknüpft und es wird inshAllah das Bogenschießen ausbreiten. Ich habe von IT nicht viel Ahnung. Mal sehen, ob das Pfeile herstellen etwas für mich ist. Das interessiert mich. Über das Internet habe ich mir ein Pfeilherstellungsset bestellt. Auf dem Sufi-Weg soll man über nichts reden, dass man nicht gemacht hat. Deshalb will ich zuerst selbst einen Pfeil herstellen. Mir schwebt so etwas wie ein Kurs" Spirituelles Pfeile herstellen" vor. Mal abwarten, was Allah in dieser Hinsicht öffnet.

Montag, der 9.2.2015

Gestern beim Osmanischen Bogenschießen wurde der vierte Hadith aufgesagt und der geht darum, dass man mit dem Bogenschießen niemals aufhören soll. Es wurde die Geschichte eines Sahabe, Gefährte des Propheten Mohammed, erzählt, der körperlich an einem Fuß eingeschränkt war und trotz fortgeschrittenem Alter immer noch Bogenschießen ausübte. Auf die Frage, wieso er sich diese Mühe machte, da es doch sicher anstrengend sei, die abgeschossenen Pfeile wiederzuholen, soll der Sahabe geantwortet haben, dass der Prophet gesagt haben soll, man solle mit dem Bogenschießen nicht aufhören. In der Zeit, wo er Bogen schoss und dafür ging, bekam er die Kraft für die erforderliche Wegstrecke und diese Anstrengung wurde ihm leicht gemacht. Der Hodscha erzählte, dass ab dem Punkt, von wo man den Pfeil abschießt bis zum Ziel ein Teil des Paradieses sei. Aufgrund dieser Information werde ich inshAllah den Hodscha fragen, ob wir nicht bei einigen Turnieren in Deutschland mitmachen können. So wird Deutschland inshAllah paradiesischer. Fatiha.

Donnerstag, der 12.2.215

10 Uhr 19. Als ich gestern Abend schon im Bett lag, hörte ich das Empfangen einer SMS, doch ich blieb liegen und schlief ein. Heute Morgen sah ich, dass es die Nachricht eines Bruders aus Köln war, der um Rückruf bat. Später auf der Arbeit dachte ich darüber nach, weshalb das Gespräch mit diesem Bruder mir nicht so wichtig erscheint. Wieso spielt einer, der mir sehr nah war, nicht mehr die gleiche Rolle in meinem Leben, welche er hatte, als er noch in Berlin lebte? In mein Herz kam, dass er nun außerhalb meiner Reichweite ist. Was für mich lebenswichtig ist, ist immer innerhalb eines Tages zu Fuß erreichbar. Alle anderen

Menschen spielen in meinem Leben keine so wichtige Rolle. Leben ist etwas Begrenztes. Leute, die erreichbar sind und mit denen ich etwas mache, spielen auf meiner Bühne des Lebens mit mir ihre Rollen.

Mittwoch, der 18.2.2015

12 Uhr. In einer Zeitung steht, dass in der Berliner Politik der Vorschlag diskutiert wird, von 22 Uhr bis 5 Uhr früh keine alkoholischen Getränke mehr verkaufen zu lassen. Seit März 2010 soll das in Baden-Württemberg der Fall sein und laut einer Studie ist dort die Zahl jugendlicher Komasäufer deutlich gesunken. Dieser Vorschlag gefällt mir. Ich spreche eine Fatiha dafür und bitte Allah darum, dass dieser Vorschlag in Berlin umgesetzt wird. Fatiha.

Freitag, der 20.2.2015

12 Uhr. Jetzt erst bekomme ich den Drang zu schreiben, also schreibe ich. Was ist weiteres passiert? Das letzte Bogenschießtraining am Sonntag war hart. Nach der Anfängergruppe, bei der ich bin, sind die Fortgeschrittenen dran. Da von denen wenige kamen, durften die Anfänger bei der Fortgeschrittenengruppe mitmachen. Bei diesem Zusatztraining gelangte ich körperlich an meine Grenze. Viele Pfeile wurden geschossen und die Ermüdung beeinträchtigte mein Bogenschießen. Dementsprechend war der darauffolgende Muskelkater. Tief und lange anhaltend bezeugte der Muskelkater die Intensität des Trainings. Elhamdulillah. Auf Facebook habe ich gepostete Fotos von Scheich Mehmet Adil Efendi beim Bogenschießen gesehen. Elhamdulillah. Ich habe ja Allah darum gebeten, dass er in einer Sohbet dazu aufruft, das Bogenschießen auszuüben, doch wie heißt es so schön:" Ein Bild sagt mehr, als 1000 Worte." Elhamdulillah.

13 Uhr 15. Die Sonne scheint. Wie versprochen ist das Hoch Isa gekommen und hat die Wolken vertrieben. Elhamdulillah. Isa ist im Arabischen der Name für Jesus, Friede sei auf ihm. Besser kann der Tag eigentlich nicht mehr werden. Bald ist Feierabend. Dann werde ich inshAllah noch drei Spielzeugbögen kaufen. Mit denen habe ich dann sieben. Diese reichen, um eine Idee, welche in mein Herz kam, in die Welt zu bringen. Wenn überall, wo man Bogenschießen ausübt, ein Teil des Paradieses ist, wäre es sinnvoll, das Bogenschießen überall ausüben zu können. Gedacht, gemacht. Pünktlich zum Karneval gibt es auch Plastikbögen für Kinder. Ich werde bis auf zwei alle anderen Plastikbögen an Brüder und Schwestern verschenken. So kann ich bei wärmerem Wetter spazieren gehen mit einem Schlüssel zum Paradies im Rucksack. Elhamdulillah. Ich freue mich schon auf wärmeres Wetter. InshAllah ist das eine Inspiration für andere. Im letzten Jahr verteilten wir in Berlin knappe 1001 Rosen zum Geburtstag des Propheten Mohammed, Friede sei auf ihm. Diese Aktion wurde, wie ich hörte, von Londonern Geschwistern aufgenommen. Mein heutiger Sinnspruch lautet:" Du hast außerordentlich viel zu geben." MashAllah. Auch dazu ist mir etwas in mein Herz gekommen. Ich werde für das heutige Treffen in der Fabrik Süßigkeiten kaufen, die den gleichen Namen, wie Ya Daim haben. Möge Allah inshAllah für jeden, der eines dieser Bonbons isst, einen Engel erschaffen, der diesem Menschen bis in alle Ewigkeit den Segen von Ya Daim gibt. La ilahe illa llah. Fatiha.

Dienstag, der 24.2.2015

11Uhr 33. Elhamdulillah. Statt der geplanten sieben Spielzeugbögen habe ich nur vier bekommen und drei davon verschenkt. „Paradise to go" habe ich dazu gesagt und ein Set dem Hodscha geschenkt. Zwei andere bekamen Schwestern, von denen ich weiß, dass sie diese Bögen mit der Absicht, die Welt zu einem Paradies zu machen, benutzen werden.

Elhamdulillah. Gestern hatte ich Geburtstag. Das ist ja ein Tag, den ich in den letzten Jahren nie besonders fand. Gestern ist mir erst so richtig bewusst geworden, dass nur mein niederes Ego diesem Ereignis eher ablehnend gegenüberstand. An diesem Tag steht man im Mittelpunkt eines freudigen Ereignisses. Wieso sollte man sich nicht über diesen Tag freuen und auch die Freude anderer darüber annehmen? Wenn der Mensch sich im Mittelpunkt weniger schöner Anlässe sieht, nimmt er diese manchmal ernster, als einen schönen Tag wie den Geburtstag. Wo ist da das positive Handeln? Dieses Jahr war mein Geburtstag anders. Das Herz war weiter und viele Menschen haben mir gratuliert. Wenn du nützlich bist und eine gebende Hand, so achte nicht auf jene Wege, über die du geben kannst, sondern gib im Namen Allahs. So nutzte ich den Geburtstag, um den Kontakt zu einigen Familienmitgliedern wieder aufzufrischen und auszubauen. Eine Einladung ist ein Vertrauensbeweis. Wird das Vertrauen nicht missbraucht, ist es anvertraut. Anvertrautes bedeutet Autorität darüber. Autorität ist Energie. Ist das Wirken in der Materie nichts anderes? InshAllah. Der eine Mensch leidet, weil er keine Familie hat und ein anderer leidet wegen seiner Familie. Was beide ändern können ist ihre Sicht auf ihre Situation.

Mittwoch, der 28.2.2015

8 Uhr48. Ich denke über den fünften Hadith nach, der beim letzten Bogenschießtraining vom Hodscha vorgetragen wurde. Jetzt, wo ich über diesen Hadith schreiben will, fällt mir etwas dazu ein. Ich stehe auf und mache zwei Niederwerfungen, bevor ich über diesen Hadith schreibe. Fertig. Das hat der ehrenwerte Bukhari, Friede auf ihm, auch immer gemacht, wenn er die Hadithe des Propheten Mohammed, Friede sei auf ihm, aufgeschrieben hatte. Der fünfte Hadith handelt davon, dass man das Bogenschießen so ehren soll, wie das Koran lesen. Ich finde das schön, dass jede Woche ein Hadith vorgetragen wird. Wenn man davon ausgeht, dass das Training ab und zu mal ausfällt, wie das kommende Wochenende, so hat man fast das ganze Jahr über Rechtleitung. In einem Jahr kann man dann wieder von vorn mit den Hadithen anfangen. Ich nehme den fünften Hadith als Inspiration dafür, jeden Tag entweder Bogenschießen zu üben oder Koransuren zu hören. Es ist eine Empfehlung von Scheich Esref Efendi, Koranrezitationen in der Wohnung abzuspielen. Das reinigt die Wohnung von negativer Energie. Es ist keine große Sache. Koran- CD in den CD-Player und dann leise abspielen oder Koran als mp3 Download anhören. Die Technik hat auch Vorteile. Elhamdulillah. Das habe ich jetzt vor, mehr in mein Leben zu integrieren. Mir ist auch noch eingefallen, dass der Hodscha gesagt hat, Mohammed, Friede sei auf ihm, habe 9 Bögen gehabt und jeder Bogen besaß einen eigenen Namen. Unsere Aufgabe ist es, bis in zwei Wochen einen Namen für unsere Bögen zu finden. Später bei einem Essen nach dem Training haben wir versucht, herauszufinden, wie diese 9 Namen der Bögen hießen, doch vergeblich. Irgendwas wie Wind und andere Naturkräfte auf Arabisch. Meinen ersten Bogen nenne ich Waqqas.

14 Uhr 21. Der Hodscha wollte am Sonntag beim Bogenschießen noch, dass ich mich wie ein Derwisch drehe und ich tat es mit um die rechte Schulter gespannten Bogen. Das Schreiben an dieses Drehen gibt mir nun in mein Herz, das vierte Buch des Mesnevi von Maulana Rumi, Friede auf ihm, zu kaufen. InshAllah.

Ein interessanter Artikel war heute in einer Zeitung. Es geht um einen augenscheinlich normalen Menschen große 2000 Jahre alte Buddha- Statue, welche untersucht wurde. Dabei wurde festgestellt, dass es sich um die Überreste eines Meisters handelt, der ein führender Vertreter einer chinesischen Meditationsschule war. Im 9. Jahrhundert gab es bei chinesischen

Mönchen ein besonderes Ritual mit dem Namen „Sokushin Jobutsu". Dabei führte man eine extreme Diät durch, verleugnete sein Ego und wurde in einer Grube vergraben. Die Atmung geschah über ein Röhrchen und die Maden wurden durch getrunkene Gifte vom Körper ferngehalten. Mit einer Glocke gab der Eingegrabene Lebenszeichen. Verstummte die Glocke, wurde das Grab 1000 Tage lang versiegelt. War der Vergrabene dann nicht verwest, so kam er als Buddha in einen Tempel. Gläubige behandeln diese Körper wie Lebendige.

Donnerstag, der 5.3.2015

11 Uhr 30. Eine V-Formation aus Gänsen fliegt über mir hinweg. Die Gans an der Spitze wechselt von Zeit zu Zeit. Die vorderste Gans hat den anstrengendsten Job. Die anderen links und rechts von ihr fliegen im Windschatten. Wie anstrengend ist die Aufgabe des Scheichs?

Liebe muss nicht Vertrauen beinhalten, doch Vertrauen beinhaltet Liebe.

Dienstag, der 10.3.2015

11 Uhr 5. Beim Bogenschießen am Sonntag war der Hodscha nicht da, deswegen gab es keinen neuen Hadith, den ich hier niederschreiben könnte. Vieles tut sich in der Gemeinschaft. Ich hatte letztens einen Traum von Esref Efendi. In dem Traum war ich ein deutscher Soldat in Afghanistan, der mit der Hilfe von Esref Efendi Friede zwischen mehreren Stämmen zustande brachte. In dem Traum wusste ich nicht, ob ich Esref Efendi als Scheich betiteln sollte. Dieser Traum hat mir gezeigt, wem ich im Herzen verbunden bin, auch wenn einige sagen, dass er von seiner Position entbunden ist. Ich folge meinem Herzen und stehe zu Esref Efendi. Wenn ich falsch liegen sollte, dann wenigstens mit dem Herzen.

Mittwoch, der 11.3.2015

8 Uhr 39. Geduld zahlt sich aus.

Donnerstag, der 12.3.215

Unschuld erweckt Intuition.

Montag, der 16.3.2015

14Uhr 15. Elhamdulillah. Der Schwerpunkt des gestrigen Bogenschießens lag auf der Kraft. Der sechste Hadith war dran und in dem ging es darum, dass den Kindern das Bogenschießen gelehrt werden soll. Außerdem soll man mit ehrlicher Arbeit sein Geld verdienen und auch den Kindern nur ehrlich verdientes Geld als Erbe hinterlassen. Die Sonne scheint. Es ist angenehm warm. Frühjahrsmüdigkeit.

Dienstag, der 17.3.2015

Muhammed al-Ghazali (1058-1111)

Al-Ghazali, Friede auf ihm, hat den Beinamen „Beweis des Islam" erhalten, da er zu seiner Zeit die abweichenden Gruppierungen und philosophischen Strömungen in der islamischen Welt mit ihren eigenen Mitteln widerlegte. Ähnlich wie heute, denke ich mir und bitte Allah darum, dass inshAllah jeder Osmanische Bogenschütze diese Fähigkeit in das Herz bekommt; zu Ehren des Propheten Mohammed, Friede sei auf ihm, Großscheich Nazim, Friede auf ihm, Scheich Mehmet Adil Efendi und Esref Efendi. Fatiha. Diese Bitte an Allah schicke ich los und folge damit Al-Ghazali, Friede auf ihm, der folgenden Satz sagte:" Das Betreten des

geistige Pfades gleicht dem Abschießen eines Pfeils auf ein unsicheres Ziel, so dass man nicht weiß, was der Pfeil treffen wird."

Mittwoch, der 1.3.2015

8 Uhr 15. „Wieso seid ihr in Berlin so viele Gruppen? Vereinigt euch!" hat der jüngste Sohn vom Großscheich Nazim, Friede auf ihm, vor einigen Jahren gesagt. Jetzt ist die Situation noch verworrener. Ich bin jetzt seit knapp 7 Jahren in der Tariqqa und wundere mich darüber, dass jeder sein eigenes kleines Ding macht. Wie sollen die Kräfte gebündelt werden und größere Projekte entstehen? Eine Frage lässt mich nicht Ruhe finden. Der Hodscha des Bogenschießens fragte mich, ob ich am Freitag auch zum Bogenschießen kommen könnte? Der Gedanke hinter dieser Frage ist eine organisatorische Überlegung. Das Bogenschießen könnte auf Freitag Spätnachmittag verlegt werden, damit die Gruppe des Hodscha Sonntag frei hat. Freitag mache ich jedoch Hismet, Gottesdienst, in der Fabrik. Im Gespräch am Sonntag bot er an, dass wir unsere Versammlung der Fabrik doch in deren Dergah abhalten können. Das Geld, das wir der Fabrik geben, könnten wir der Dergah vom Hodscha geben. Dieses Angebot simste ich dann dem Verantwortlichen der Fabrikgruppe und bekam erstaunlich schnell ein "„Aleykum selam. Nicht nötig." Von der Logik spricht vieles für ein Annehmen des Angebotes. Der Raum in der Fabrik ist schön. Aus Lehm sind die Wände und der Raum strahlt eine gute Energie aus. Nicht so gut ist, dass wir dort die Küche im Raum haben. Während der Sohbet hört man das Wasser des Samowars kochen. Das WC ist an dem Raum angeschlossen und neben dem Küchenteil. Wasser muss von dem WC geholt werden. Der drehende Derwisch muss sich im WC und dem vor Sicht geschütztem Bereich davor umziehen. Allein diese Punkte wären in der Dergah des Hodschas idealer und würden die Konzentration der Besucher auf die Sohbet erleichtern. Andere Punkte, welche für die Annahme des Angebotes sprechen sind finanzieller Natur und die orientalische Einrichtung der Dergah. Jetzt warte ich mal ab, was übermorgen dazu gesagt wird. Die SMS habe ich vorgestern losgeschickt, damit über das Angebot nachgedacht und beraten werden kann. Vielleicht kommt dem Verantwortlichen von Allah noch etwas in das Herz und das Angebot wird doch noch angenommen. Bei diesem Angebot gewinnen beide Seiten. Doch was weiß ich schon? Ich bin wahrhaftig Allahs schwächster Diener.

8 Uhr 54. Drei weitere Gründe sprechen für die Dergah. Der erste ist das Zeitlimit, das wir in der Fabrik haben. Den Raum dort haben wir von 20 bis 24 Uhr. Es macht sich nie gut, wenn ein Suchender dorthin findet und man die Beendigung seiner Suche wegen Zeitmangel unterbrechen muss. Der zweite Grund ist das Weiß, in dem die Dergahräume gehalten sind. Das ist eine Farbe, die mir sehr gefällt. Ein sich im weißen Gewand drehender Derwisch sieht einfach gut vor einem weißen Hintergrund aus und wirkt noch mal mehr auf einen Zuschauer. Der dritte Grund ist der finanzielle Aspekt der Dergah. Auch dort sind es wenige, welche die Räumlichkeiten finanzieren. Sie machen ihr Zikir am Samstag und haben freie Tage. Werden diese freien Tage genutzt und bringen sogar noch etwas Geld, so wird die Dergah entlastet. Was ist effektiver? Zwei wackelige Orte oder ein stabiler?

Donnerstag, der 19.3.2015

8 Uhr 42. Ein Gedanke ist in mein Herz gekommen. Vielleicht sollte ich das, was ich bisher geschrieben habe, als Datei speichern. Der Frühling ist nah. Blätter breiten sich aus, um Sonnenlicht zu empfangen. Vielleicht breiten sich Herzen aus, um das Licht des Bogenschießens zu erhalten? Wenn die Ziele sich wartend aufstellen, muss der Bogenschütze Pfeil und Bogen ergreifen. Manchmal ist ein getipptes Wort wie ein Pfeil aus Licht.

14 Uhr 28. Innerlich unruhig bin ich. Hinknien tue ich mich und komme sofort zur Ruhe. Etwas schreiben tut auch gut. Die ersten Blumen blühen. Ich pflanze gerade Stiefmütterchen. Die erste Biene, welche meine Augen in diesem Jahr erblicken, versuchte wahrhaftig entschlossen, den Nektar jedes Stiefmütterchens zu bekommen, doch viele Blüten sind noch verschlossen. Wie ein Liebhaber, der alles gibt, rackerte sich die Biene ab, flog dann ohne gesammelten Nektar zu anderen Stiefmütterchen. Elhamdulillah. Immer alles geben, sage ich mir, doch dem eigenen Tyrannen nicht Nahrung geben. Keine Ahnung, weshalb ich das schreibe. Es wird schon inshAllah seinen Grund haben. Das zarte Frühlingslicht macht das Herz so weich. Jeder negative Gedanke versinkt in diesem weichen Herz und wird mit fließender Liebe zugedeckt. Schlafe schön, niederes Ego und träume weiter von einer autarken Existenz. Nächsten Freitag kommt der Sultan Scheich Mehmet Adil Efendi.

Freitag, der 20.3.2015

Frühlingsanfang. 9 Uhr 30. Heute ist eine partielle Sonnenfinsternis und genau jetzt soll sie beginnen. Ich mache schnell zwei Rakats (Niederwerfungen) und bitte Allah, den Segen für diese Niederwerfungen allen Osmanischen Bogenschützen zu geben.

12 Uhr 10. Die partielle Sonnenfinsternis ist vorbei. Es war sehr schön. Dieses Licht in dem Moment war wahrhaftig einmalig. Am Morgen habe ich auf der Arbeit Krähen gesehen und immer, wenn ich diese sehe, denke ich an einen Heiligen. Dieser Heilige ist Sain Kanwan Wali; der Heilige der Krähen. Ich versuche dann immer, diese Yogaübung „Krähe" auszuführen. Das ist eine Position im Liegestütz, während die Beine angewinkelt an die Arme gepresst und angehoben werden. Das ähnelt dann schon einer Krähe. Heute habe ich diese Position zum ersten Mal fast sieben Sekunden gehalten, indem ich zum ersten Mal die Handflächen nach innen positionierte. Eine Techniksache. Diese Asana hilft, um Kraft und Gleichgewicht aufzubauen. Genau richtig für mich, denke ich mir und habe vor, immer, wenn ich eine Krähe sehe, diese Übung auszuführen.

Sonntag, der 22.3.2016

12 Uhr 22. Ich habe gerade einen Teelöffel von Mesir Macunu gegessen. Das ist eine türkische Paste mit einer Mischung aus 41 verschiedenen Gewürzen und Heilpflanzen. Tradition ist es, die Paste zum Frühlingsbeginn an die Bevölkerung zu verteilen und auch ich habe noch zwei Flaschen, die ich zwei Schwestern vom Bogenschießen geben will. Erfunden hat die Paste Merkez Efendi, Friede auf ihm. Dieser war ein türkischer Sufi und Scheich des Halveti- Derwisch- Ordens. In der ersten Hälfte des 16. Jahrhunderts erkrankte Hafsa, die Frau des osmanischen Sultans Yavuz Sultan Selim. Der Mediziner Merkez Efendi sollte ein Heilmittel für Hafsa Hanim finden. Die Paste Mesir Macunu mischte er und die Sultans Gattin wurde wieder gesund.

Montag, der 23.3.2016

8 Uhr 50. Gestern wurde der siebte Hadith zum Bogenschießen vorgetragen. Das Bogenschießtraining hatte diesmal den Schwerpunkt „Lange Distanz". Drei Pfeile sind mir zerbrochen. Vier Schwestern und ich dürfen jetzt das Türkis der etwas Fortgeschrittenen tragen. Ich überlege, ob ich mir den Donnerstag vor Karfreitag und den Dienstag nach Ostermontag frei nehme und dann an diesen freien Tagen nur schreiben und Bogenschießen trainiere. Vielleicht fange ich schon an, das Handgeschriebene abzutippen. InshAllah.

Donnerstag, der 26.3.2015

7 Uhr 53. Auf dem heutigen Weg zur Arbeit hörte ich in dem Park, durch den ich gehen muss, lautes Hundegebell. Vor mir sah ich Hunde, die miteinander rangen und zwei Männer, welche versuchten, die Hunde auseinanderzunehmen. Nach einiger Zeit gelang es und der eine Mann fuhr auf seinem Fahrrad weiter und in meine Richtung. Beide Männer reifen sich etwas zu und das wirkte auf mich nicht freundlich. Als der Radfahrer sich mir genähert hatte, hörte ich, wie er mit sich selbst sprach. Der andere warf dem Radfahrer noch ab und zu einen Blick über die Schulter zu. Wenn der Hund für das Ego steht, so scheinen die beiden Männer nicht gut dazustehen. Ein Mensch, der sein Ego nicht unter Kontrolle hat, ist kein schöner Anblick. Da kann er äußerlich noch so schön aussehen; die Wirkung auf einen ist eher unangenehm. Hat man seinen Hund nicht unter Kontrolle, so sollte man lernen, wie man das hinbekommt. Kriegt man das allein nicht hin, sollte man sich jemanden suchen, der Hunde erziehen kann. Möge Allah inshAllah allen Osmanischen Bogenschützen immer ihr Ego unter Kontrolle lassen. Fatiha.

12 Uhr 5. Vögel zwitschern um mich herum. Partnersuche. Vor meiner Wohnung ist ein Trödelladen. Am Eingang dieses Ladens hängt ein Vogelkäfig mit einem singenden Vogel darin. Armer Vogel, denke ich mir jedes Mal, wenn ich ihn sehe und den Vogel zwitschern höre. Er kann am schönsten von allen Vögeln singen, trotzdem wird es die ihm Verfallene nie schaffen, zu ihm zu gelangen. Die Umstände können manchmal eine Liebe am Blühen verhindern.

Verschlüsselte Information ist doch nichts anderes als ein Geheimnis.

„La haula wa la quata illa billah" soll man bei negativen Menschen und als Schutz vor Dschinns sagen. Das bedeutet „Es keine Kraft und keine Stärke außer bei Gott." Bei Angstzuständen ist es eine Empfehlung „Ya Quahr" zu rezitieren. Das bedeutet so viel wie „Göttliche Souveränität". Um mir das merken zu können, stelle ich mir zuerst eine Kuh vor, welche vor Angst zittert und schließlich durch ein lautes „OUHHHR" zu einem mutigen Löwen wird.

Freitag, der 3.4.2015

Während ich dies hier schreibe, ist die Sonne aufgegangen. Das Morgengebet wurde verrichtet und ich schlafe in einem herbergsähnlichen Komplex am Bodensee. Ostern. Bodenseezeit. Eine Woche nachdem der Sultan Scheich Mehmet Adil Efendi in Berlin war, sitze ich nun leicht erkältet hier in Süddeutschland und freue mich, dass ich mich dazu überwunden habe, runterzufahren. Genauer gesagt habe ich mich zum Bodensee von einem Bruder überreden und fahren lassen. Per Mitfahrgelegenheit kam noch ein Mann mit, der zum großen Glück spirituell war und dem Zen-Buddhismus folgt. So war diese Fahrt eine leichte und gesegnet. Mal sehen, was Ostern am Bodensee noch für mich versteckt ist. Elhamdulillah. Als wir in der Nacht in der Dergah am Bodensee ankamen, war mein Ego etwas laut. Ich versuche heute, mich mehr zu kontrollieren. Laut wurde mein Ego durch die Beziehung der Brüder vom Bodensee zu Esref Efendi. Seitdem ich den Sultan Scheich Mehmet Adil Efendi vor einer Woche sah, ist dieser mein einziger Scheich und ich versuche, ihn mir als Vorbild zu nehmen. Er ist mir menschlich sehr nahe. Ruhig und zurückhaltend bin ich auch. Esref Efendi ist da anders. Scheich Mehmet Adil Efendi gab mir in Berlin den Namen Ahmed, was der „hoch gelobte" bedeutet. Ich halte nicht viel von der Namensgebung. Im Sufismus heißt es, dass man im Himmel sieben Namen hat und diese hier auf der Erde nach und nach erhält.

Donnerstag, der 2.4.2015

Ein Bruder, der zum Bodensee wollte, schrieb mir eine SMS mit einer Frist zum Antworten. Ich schrieb:" Ja, ich will." Donnerstag um 11 Uhr war ich bei ihm. Wir machten sein Auto sauber und fuhren dann den Mittfahrer abholen. Zwei hätten es sein sollen, doch eine Mitfahrerin war nicht mehr in Berlin. So fuhren wir zu dritt Richtung Süden. Elhamdulillah. Es stellte sich nach einiger Zeit heraus, dass der Mitfahrer den Zen- Buddhismus praktizierte und so sprachen wir über Gott und die Welt. In diesem Gespräch kamen wir auf das Thema „ spiritueller Rückzug" zu sprechen. Der Bruder sagte etwas, das ich bis dahin noch nicht wusste. Er sagte, dass in alter Zeit die Leute, welche in den Rückzug gegangen sind, nach Beendigung von diesem einem wilden Tier begegnen mussten. Nahm das Tier Reißaus vor dem aus dem Rückzug Zurückgekehrten, so war der Rückzug nicht erfolgreich. Ich erzählte dann, dass ich etwas Ähnliches vor kurzem erlebt hatte. Auf der Arbeit beobachtete ich einmal ein Rotkehlchen und verlor mich dann in der Betrachtung. Beobachter und Objekt waren eins geworden. Das Rotkehlchen kam näher und näher. Als der Beobachter wieder beobachten und das Objekt betrachten wollte, waren es wieder zwei und das Rotkehlchen flog davon. Nach einigen Stunden hörten wir drei Reisenden uns eine CD von Eckhard Tolle an und danach sah ich in den Wolkenformationen des späten Nachmittages einen drehenden Derwisch. InshAllah. Derwisch Gewänder hatten wir beide dabei. Kurz vor Stuttgart setzten wir den Mitfahrer ab und fuhren weiter Richtung Bodensee.

Freitag, der 3.4.2015

Um etwa 1 Uhr kamen wir im Sufiland an. Elhamdulillah. Empfangen wurden wir von einem Bruder und einer Schwester. Nachdem wir unsere Sachen in den Keller gebracht hatten, redeten wir noch etwas, verabschiedeten uns und gingen um knapp 2 Uhr schlafen. Etwas mehr als zwei Stunden bis zum Morgengebet. Das Morgengebet verschlief ich. Mit leichter Erkältung hatte ich mich auf dem Weg gemacht und die Nacht in der Dergah am Bodensee brachte keine Besserung. Frühstück. Begrüßung der ankommenden Köllner und dann etwas später zum Juma Gebet nach Eigeltingen. Dort sah ich den Scheich wieder zum ersten Mal seit seinem Weggang aus Berlin vor knapp einem halben Jahr. Nach dem Gebet sind zurück zur Dergah und die Zeit bis zum Nachmittagsgebet verbrachte ich mit Gesprächen. Abends war dann das Zikir. Nach dem Abendgebet fragte der Fahrer den Scheich, ob wir beide uns drehen dürften und dieser bejahte. Zwei der jungen Kölner Brüder waren auch mit Derwisch Gewändern gekommen. Das Zikir begann und beide drehten wir uns nacheinander. Ein Wolkenbild nahm auf der Erde Form an. Elhamdulillah.

Samstag, der 4.4.2015

Morgengebet. Wichtige Sohbet. Der Scheich sagte, dass er ein direkter Schüler vom Großscheich Nazim, Friede auf ihm, sei und ein Diener von Mehmet Adil Efendi. Damit ist für mich einiges geklärt. Nach dem Morgengebet legte ich mich wieder hin. Mittag. Die Erkältung war stärker geworden. Ich war nicht ganz bei mir. Ein Bruder sagte mir, dass ich nicht so gut aussah und mich hinlegen sollte. Das tat ich und schlief den ganzen restlichen Tag. Das Zikir am Abend hörte ich bis in den Keller, wo ich schlief. Es klang schön. Wick Medi Nait wurde von mir eingenommen. Die letzte Dosis der Dreitagepackung. Heftiges Schwitzen in der Nacht, doch auch einige Stunden erholsamer Schlaf. Leute kamen und gingen. Das Morgengebet hatte ich verschlafen. Nach dem Morgengebet kam der Scheich in den Keller und ich wunderte mich darüber sehr. Er betete für mich. Weiter durchgeschlafen. Am Mittag vom Sonntag, dem 5.4.2015 war ich wieder einigermaßen fit. Der Tag verging relativ relaxt. Am Abend fand dann wieder Zikir statt, zu dem ich fast ohne großen

Stimmverlust mitsingen konnte. Dafür hatte es den Fahrer erwischt. Jetzt lag er krank im Keller und ich sollte mich um ihn kümmern, wie er es für mich tat. Das hieß, Essigwickel und Wasser reichen.

Montag, der 6.4.2015

Es war der geplante Tag der Abfahrt. Dem fahrenden Bruder ging es nicht gut. Er bekam eine Tablette und schlief durch bis kurz vor 10 Uhr früh. Der Scheich wollte in Kürze in die Schweiz fahren, also weckte ich den Bruder, damit er noch einige Minuten den Scheich sehen konnte. Danach legte der Bruder sich noch etwas hin und schlief. Der Tag zog sich hin. Erst am Nachmittag konnten wir los. Die Autobatterie war zu schwach. Starthilfe. Verzögerungen sammelten sich an und verlagerten den Abreisetermin nach hinten. Einen Bruder sollten wir vom Singener Bahnhof abholen, doch da war er schon weg. Zu zweit sind wir dann wieder nach Berlin gefahren. Elhamdulillah.

Donnerstag, der 9.4.2015

7 Uhr 23. Aus meinem Mund strömt Eukalyptusgeruch. Ich schlucke mehrmals am Tag Eukalyptusbonbons gegen die verstopften Atemwege. Meine Nase läuft und läuft. Elhamdulillah. Wo Bewegung ist, ist Leben. Mit diesem Eukalyptusgeschmack kommt eine Information und erblüht in meinem Geist. Eukalyptus ist eine sehr tief wurzelnde Pflanze. In dieser Tiefe nimmt sie über die Wurzeln Nährstoffe auf, darunter Gold. Deshalb ist der Eukalyptus auch ein Zeiger eventueller Goldvorkommen. Elhamdulillah. Möge Allah mit dem Eukalyptus auch mein inneres Gold hervorkommen lassen und mich als ein nützlicher Diener in der Welt wirken lassen. Fatiha.

Sonntag, der 12.4.2015

9 Uhr 14.

„Ich bin mit denen, deren Herzen um Meinetwillen gebrochen sind."   Hadith Qudsi

12 Uhr 45. Ich stehe vor dem Tor zur Turnhalle der Osmanischen Bogenschule. Ein klappbarer Transportwagen in roter Farbe lehnt neben mir an der Wand. Diesen werde ich dem Verein spenden. Dann brauchen wir gewisse Dinge nicht mehr vom Keller eines Gebäudes zur Turnhalle zu tragen. Da einige Schwestern wollten, dass der Transportwagen nur von wenigen Menschen benutzt werden sollte, werde ich den Wagen dem ganzen Verein spenden, damit es keinen Streitgrund gibt. Egotraining findet auf allen Ebenen statt. Elhamdulillah. Ich bin fast ganz gesund, nur die Nase läuft noch. Viele Pfeile mit blau-weißer Befiederung sind meine, deshalb ist heute meine Absicht, dass mit jeden dieser Pfeile Allah einen Engel entstehen lässt, welcher den Einwohnern Honduras, deren Fahne blau-weiß ist, bis in alle Ewigkeit den Segen von Ya Haqq, Licht Liebe und Salam gibt. Fatiha. Andere Länder mit blau- weißer Fahne sind Griechenland, Mikronesien und Nicaragua. Elhamdulillah. Weitere Gründe, um Segen von Allah zu erbitten.

Montag, der 13.4.2015

8 Uhr 17. Ich habe Muskelkater im oberen Rückenbereich. Elhamdulillah. Gestern beim Bogenschießen haben wir im Freien geübt. Auf einem Sportplatz schossen wir auf immer weitere Distanz, bis wir bei knapp 60 Metern angelangten. Bei einer Schuss Runde auf die weiteste Distanz traf ich als einziger die Zielscheibe. Der Treffer gelang mit dem ersten Pfeil und dieser war auch noch mit einer blau- weißen Befiederung. Elhamdulillah. Das nehme ich

als Zeichen dafür, dass mein Gebet angenommen wurde. Jetzt, wo ich das niederschreibe, ist die Sonne durch die Wolkendecke durchgebrochen. Elhamdulillah.

Dienstag, der 14.4.2015

8 Uhr 36. Eine Idee des Schreibens kommt in mein Herz.

Mittwoch, der 15.4.2015

6 Uhr 52. Vor der Arbeit bei einem Späti hatte ich ein interessantes Gespräch. Politik war das Thema. Wir redeten über Griechenland und darüber, dass es manchmal das Beste ist, sich von etwas mit einem Schuldenerlass zu trennen. Nur das ist eine wahre Trennung und ermöglicht einen sauberen Neuanfang. Der Bruder, mit dem ich mich unterhielt, brachte es mit schöneren Bildern zum Ausdruck. Er sagte, dass sie(es sind drei Brüder) die den Späti führen, bestimmt schon Tausende von Euro an Schulden von Kunden erlassen hätten, aber dann auch nichts mehr mit diesen Menschen zu tun hatten. „Das Geld ist verbrannt." Sagte der Bruder, rieb dabei die Hände und nahm sie dann schnell auseinander. Dieses Bild finde ich schön. Manche Pflanzen brauchen Waldbrände, damit ihre Samen in dem nährstoffreichen Boden nach dem Brand gut wachsen können. Wie soll man auch eine Beziehung mit Altlasten unbefangen neu beginnen können? Neues ist rein. Sich positiv von etwas zu trennen, ist auch eine Fähigkeit, die sehr wertvoll ist. Um wie viel leichter ist das Leben, wenn man diese Stufe erreicht hat und halten kann? Möge Allah all seinen Dienern den Segen dieser Stufe inshAllah geben. Fatiha.

Donnerstag, der 16.4.215

„Allzu straff gespannt, zerspringt der Bogen."

                                        Johann Christoph Friedrich von Schiller (1759-1805)

„Wenn du den Pfeil der Wahrheit abschießt, tauche seine Spitze in Honig."

                                        arabisches Sprichwort

Samstag, der 18.4.2015

16 Uhr 50. In einer U-Bahn lese ich eine Werbung, welche mit einem Satz von Johann Wolfgang von Goethe, Friede auf ihm, abschließt. Der Satz lautet. „Zwei Dinge sollten junge Menschen bekommen; Wurzeln und Flügel."

Auf einer Internetseite einer hinduistischen Gemeinschaft kann man seinen Namen eintragen und Nonnen sowie Mönche beten dann drei Monate lang morgens und abends für einen. Als ich vor einigen Minuten auf dieser Seite war, waren es 10 Namensfelder und ich habe 10 Namen eingetippt, abgeschickt und auch für diese hinduistische Gemeinschaft gebetet. Das ist eine schöne Sache und interessant ist, wie mein Intellekt versucht, diese Sache kleinzureden.

Sonntag, der 19.4.2015

Es muss so 18 Uhr 30 sein. Die Sonne geht unter. Ich sitze auf dem dicken Stamm eines knapp zwölf Meter hohen Baumes, der halb entwurzelt ist. Lins von mir sehe ich, wie über die Hälfte des Wurzelwerkes aus dem Halt gebenden Erdreich herausgehoben wurde. Rechts von mir liegt die Baumkrone zur Hälfte auf dem Boden. Auf dem ersten Drittel des Stammes sitze ich und schreibe. Ich klettere den Stamm weiter aufwärts nach rechts und sehe grüne Knospen an den Zweigen des Baumes. Vielleicht hat der Baum noch die Kraft, um diese in eine Not

Blüte zu pumpen. Wie viel ist in unserem Leben eine Not Blüte? Man zwingt sich, den Schein aufrechtzuerhalten, lächelt, lacht und doch spüren die anderen, dass es nicht mehr so wie vorher ist. Bei umgestürzten Bäumen kommt der Holzfäller. Bei Früchte tragenden stehenden Bäumen kommt der Ernter. Was will man im Leben sein? Das Bogenschießen heute ist vorbei. Meine Absicht beim Bogenschießen war, dass Allah den Segen dieses Bogenschießens zwei Schwestern gibt, welche eine Musikveranstaltung in Hannover haben, gibt. Möge der Segen etwas sein, das die Konzertbesucher inshAllah ernten werden. Fatiha.

Donnerstag, der 23.4.2015

8 Uhr 3. Die Sonne gewinnt langsam an Kraft. Elhamdulillah. Heute faste ich, da es eine Empfehlung ist. Da wir uns im heiligen Monat Rajab befinden, ist das zusätzliche Zikir 1000 mal Estagfirullah, 1000 mal la ilahe illa llah, 500- 1000 mal Salawat und 500 mal Ya Latif. 500-mal Ya Latif habe ich schon gemacht. Nun kommen 1000-mal Estagfirullah.

Freitag, der 24.4.2015

8 Uhr 53. „ was bedeutet der Begriff Realpolitiker?" kommt in mein Herz. Politik ist doch das Leiten von Menschen, also schon von der Aufgabe her etwas Reales. Was ist dann Realpolitik? Gibt es also unter Menschenführern einige, die das theoretisch können und andere, die es tun? Heißt es nicht, dass Taten mehr aussagen, als Worte? Realpolitiker. Kompromisse müssen überall in der Politik eingegangen werden, außer in einer Tyrannei. Da zählt nur der Wille des Tyrannen.

Samstag, der 25.4.2015

9 Uhr. Berlin- Friedrichstraße. Ich bin auf dem Weg nach Schwerin, wo ich einen Auftritt als drehender Derwisch habe. Im Schweriner Dom macht ein Musik Ensemble Musik zu Ehren der ehrenwerten Hildegard von Bingen, Friede auf ihr. Elhamdulillah. So kann ich mich endlich in Verbindung mit Hildegard von Bingen, Friede auf ihr, drehen. Möge Allah inshAllah all jene, welche mich dort als drehender Derwisch sehen, zu Großscheich Nazim, Friede auf ihm, zählen, denn nur durch seinen direkten Schüler Scheich Esref Efendi darf ich mich als Derwisch drehen.

16 Uhr. Zwei Stunden noch bis zum Auftritt. Im Schweriner Dom ist es kalt. Ich sitze beim Schreiben dieser Worte in einem kleinen Raum, der etwas beheizt wird. Gegenüber von mir sind verblichene Wandzeichnungen von christlichen Heiligen. Einer sieht wie ein Derwisch aus mit seinem Turban.

22 Uhr 17. Ich sitze in der Bahn Richtung Berlin. Gerade noch geschafft! In der gleichen Minute, in der ich in den Zug eingestiegen bin, ist er losgefahren. Wie war der Auftritt? Elhamdulillah. Shukrurlillah. Ich bin ja eher schüchtern und brauche etwas länger, um mit mir noch fremden Menschen warm zu werden. Nach meiner Ankunft in Schwerin habe ich mir dieses erst ein wenig angesehen. Es war dort kälter, als ich dachte und der Schweriner Dom war sogar noch kälter. Als die Probe im Dom war, lernte ich die Frauen des Ensembles kennen. Dann hörte ich ein Lied, zu dem ich mich dann auch ein wenig drehte. So weit, so gut. Das waren vielleicht fünf Minuten Drehen von einem 80 Minuten langen mir unbekannten Programm. Einige Damen des Ensembles gingen nach der Probe noch in ein Café` und ich wärmte mich in diesem kleinen Raum im Dom auf. Der Zeitpunkt des Auftrittes nahte. Ich versuchte vergeblich, den Zustand des Vertrauens in Allah zu erreichen. Vergeblich. Estagfirullah. Ich bat Allah um die Unterstützung der Heiligen. Ein labiler

Zustand der Ruhe kehrte in mich ein. Jetzt, wo ich dies hier schreibe, ist es 22 Uhr 29. Mir fällt auf, dass ich das Extrazikir für den Monat Rajab noch nicht beendet habe. Ich habe einen unglaublichen Schreibschub. Man soll ja der Energie folgen. Ich höre auf mein Herz und schreibe schnell weiter.

Der Auftritt. Die ersten 10 Minuten waren jene, welche wir geprobt hatten, danach folgte Improvisieren. „Dreh dich nach deinem Gefühl!" sagte man mir. Was das Ganze noch interessanter machte, waren vorgetragene Texte von Kindern und eine junge hübsche Frau in Schwarz, die zwischen zwei Derwisch Auftritten von den Bankreihen aufstand und die Drehfläche entgegengesetzt im Kreis ablief, dabei sang und dann wieder zu ihrem Platz zurückkehrte. Ihre Stimme war unglaublich schön. Diese klare trainierte Stimme ging mir auf dem Stuhl sitzenden Derwisch so in das Herz, dass ich nur unter Aufbietung all meiner Kraft verhindern konnte, dass ich sie anlächelte. Als sie an mir vorbeikam, erhielt ich eine so starke Energie von ihr, dass ich vom Sitz zu rutschen drohte. Ich war in Weiß und sie in Schwarz. Beide führten wir Kreisbewegungen aus. Beim zweiten Mal ihres Vorbeigehens an mir hatte ich die Kontrolle über meine Gesichtsmuskeln wiedergewonnen und dann war sie weg. Eine nette Einlage, von der ich nichts wusste. So ging es dann weiter, bis der Auftritt vorbei war. Elhamdulillah. Es waren nicht so viele Menschen im Dom, wie ich mir gewünscht hatte, doch Segen war auf jeden Fall da. Ich hatte mich nur gedreht, wenn mein Herz am Überquellen war. Es war nicht die Art des Gesanges, den ich zum Drehen gewohnt war, doch optisch war dieser Auftritt doch eine Klasse für sich. Es ging alles nahtlos ineinander über. Uns wurde jedem am Ende eine Rose überreicht. Elhamdulillah. Möge Allah all jene, die im Schweriner Dom waren, zu Scheich Nazim gehörend zählen. Fatiha. Danach hätte ich zwei Stunden auf den Zug warten müssen und das Ensemble wollte noch mit mir essen gehen. Ich sagte zu und es dauerte länger, als ich dachte. Als ich mich von diesen netten Menschen verabschiedete und auf dem Weg zum Bahnhof war, merkte ich, dass ich meine Tasche im Cafe`vergessen hatte. Also schnell zurück, Tasche holen und dann in noch rascherem Tempo zum Bahnhof. Der ganze Tag war vollgepackt mit Ereignissen und jede Minute wurde effektiv, das heißt für Allah, genutzt. Elhamdulillah. Damit dieser Tag auch so endet, beende ich nun inshAllah das Zikir. Es ist 22 Uhr 45.

Sonntag, der 26.4.2015

11 Uhr 14. Müde bin ich. Der zweite Kaffee des Tages wird gemacht. Ich habe versucht, einen Pfeil zu reparieren. Vergeblich. Heute ist meine Absicht beim Bogenschießen, für Griechenland zu schießen. Möge Allah mit jedem Schuss eines blau- weißen Pfeils einen Engel inshAllah erschaffen, der allen Griechen bis in alle Ewigkeit den Segen von Ya Haqq gibt. Fatiha.

Dienstag, der 28.4.2015

11 Uhr 34. Einen starken Muskelkater in den Oberschenkeln habe ich. Beim Osmanischen Bogenschießen am Sonntag sind wir wieder in die Bewegung reingegangen und das war körperlich und nervlich eine Anstrengung für mich. Wir übten das Schießen mit Hindernissen. Also unter dem Hindernis durch, darüber, nach dem Rennen und noch mehr. Dabei musste man sehr oft ruckartig in die Knie gehen, Abstand zum Hindernis beachten und auch sonst sehr konzentriert sein. Gestern habe ich mich schon ausgeruht und meine Oberschenkel mit Tigerbalsam eingerieben. Ich werde jetzt einige leichte Kniebeugen machen, damit die schmerzenden Muskeln mit Energie versorgt werden und die Heilung des Muskelkaters beschleunigt wird. InshAllah.

Samstag, der 2.5.2015

Ich sitze auf einer Bank auf dem U- Bahnhof Wedding. Gerade war ich bei einem Laden für Künstlerbedarf. Im Eingangsbereich dieses Ladens gibt es nämlich eine Box, die wie ein Briefkasten aussieht. Diese Box durfte dort von Freiwilligen aufgestellt werden, welche sich für eine schöne Sache einsetzen. 1000 drawings nennt sich dieses Projekt. Die Idee bei dem Projekt ist, 1000 Bilder im Format DINA 5 zu zeichnen, diese bis zu einem gewissen Zeitpunkt auszustellen, verkaufen und den Erlös zu spenden. Ich habe drei Zeichnungen in die Box gegeben. Eine Zeichnung war die einer Gebetskette, von Großscheich Nazim, Friede auf ihm und mir als drehenden Derwisch. Dem Großscheich wurde von Allah gegeben, dass jeder Mensch, der seinen Namen liest oder ihn sieht, zu ihm gezählt wird. Wenn also diese Veranstaltung ist, werden alle, die das gezeichnete Bild von ihm sehen inshAllah zu Großscheich Nazim gezählt werden. Die Zeichnung von mir als drehender Derwisch hat mit einer Geschichte von Scheich Nizami, Friede auf ihm, zu tun.

Montag, der 4.5.2015

7 Uhr. Etwas müde bin ich. Das gestrige Osmanische Bogenschießen hatte Präzision als Schwerpunkt. Danach war ich noch mit einigen Schwestern essen und im Kino. Einen türkischen romantischen Film mit deutscher Untertitelung haben wir uns angesehen. Der Film war schön. Todkranke junge Frau sucht jungen Mann aus gemeinsamer Kinderzeit. Junger, nun reicher Mann hat sie vergessen, wird durch eine Testamentseröffnung zum 18. Geburtstag dazu gebracht, in das Dorf der jungen Frau zu ziehen. Beide verlieben sich. Beide wissen, dass die Liebe nur für kurze Dauer ist, da die junge Frau nicht mehr viel Lebenszeit hat. Sie kommen zusammen. Er macht ihr ein schönes Geschenk. Einen Behälter, welcher gefüllt ist mit kleinen Medikament ähnlichen Kapseln und sagt zu ihr, dass diese Medizin sie heilt, sie aber täglich nur eine Kapsel zu sich nehmen darf. Sie nimmt eine, entrollt den kleinen Zettel aus der rot- weißen Kapsel, liest die Botschaft auf dem Zettel und bittet den jungen Mann darum, mit dem Geschenk kurz in das Haus gehen zu dürfen. Im Haus öffnet sie dann eine Kapsel nach der anderen und weint vor Freude über das, was sie da liest. Während dieser Szene fragt die Schwester neben mir, wo es denn noch solche Männer gibt, während sie mit einem Taschentuch ihre Tränen einsammelt. Von rechts neben der Taschentuchschwester kommt dann, dass ich das auch so wie im Film gemacht hätte. Ich stimme dem zu. Das wäre meine Art, eine aussterbende Art, und gibt mir die sonderbare Gelegenheit, etwas von mir zu erzählen, dass hier sonst nie Platz gefunden hätte. Allah hu akbar. Elhamdulillah.

Mittwoch, der 6.5.2015

Theresa hieß eine junge schöne Frau, welche ich vor fast acht Jahren in einem VHS- Kurs" Kreatives Schreiben" kennen lernte. Damals hatte ich mich schon mit dem Sufismus befasst. Ich las Sufi- Literatur von Attar, Nazami und anderen, Friede auf ihnen allen. In dieser Zeit schrieb ich mit der Absicht, irgendwann ein Buch in die Welt zu bringen. Ein Buch, das die Herzen weitet und aus versteinerten Herzen Springbrunnen der Liebe und Freude macht. Es war mein innigster Wunsch. Schreibtechniken zu erlernen war da ein notwendiger Schritt. Sema im Schreiben. Schritt für Schritt. Schrift für Schrift. Blatt für Blatt und Wort für Wort kam es, wie es kommen sollte und ich wurde von Liebe für Theresa überwältigt. Allah machte, dass ein Romantiker auf eine Frau traf, die dessen Verstand entwaffnete und so beugte sich der Kopf dem Herzen. Das blühende Herz blieb aufrecht und in Liebe brennend. Die unerfüllte Liebe ist die schöpferischste, da nur aus einem offenen Gefäß gegeben werden kann und so dankte ich Allah für das Geschenk Theresa, indem ich ihr Gewicht von 54

Kilogramm in Form von Rosen oder Objekten, auf denen Rosen abgebildet waren, als eine riesige Rose in die Welt brachte. Das Herz Berlins war dabei die Rosenblüte und eine grüne S- Bahnlinie südlich von Berlin der Rosenstiel. Ich fuhr oder ging diese Rose entlang, verteilte die Rosenobjekte und machte beim in die Welt bringen der riesigen Rose Ya Wadud als Zikir. Das dauerte einige Monate. Ich bat Allah darum, jedem Menschen innerhalb dieser Rose Theresa zu Ehren das Herz mit Liebe zu füllen und traf vor Fertigstellung der riesigen Rose meinen Scheich Esref Efendi. Die Romantik ist tief in mir verankert und deshalb ist es im Bereich des Möglichen, dass ich bei dem romantischen türkischen Film eine Träne vergoss. Vielleicht war aber nur etwas in das Auge gekommen. Allah hu Alim.

„ Bei folgenden drei Betätigungen darf man um Belohnungen Wettbewerbe ausführen; Kamelrennen, Pferderennen und Bogenschießen."   Hadith

Rajab- Der Monat der Vergebung

Am ersten Tag des Monats Rajab hat der Prophet Noah, Friede auf ihm, die letzte Planke seiner Arche mit Pech bestrichen. Danach folgte die sechsmonatige Fahrt. Im islamischen Jahr ist es der siebte Monat. Jedes Zikir in diesem Monat wird mit siebzigfachem Lohn beschenkt. Elhamdulillah.

21 Uhr 47. Zahnschmerzen habe ich. Deswegen schaue ich im „ Buch der Heilung" von Großscheich Nazim, Friede auf ihm, und sehe nach, was er dazu empfiehlt. „ erhitze Essig mit Salz und gurgele auf der schmerzenden Seite."

Ja, das kriege ich hin.

„ Zerdrücke Knoblauch und fülle damit das Loch im Zahn."

Das ist Gott sei Dank nicht der Fall.

„ Zerkaue Nelken und fülle damit das Loch im Zahn, denn aus diesem kommt ein heilendes Öl."

Dieser Ratschlag liest sich interessant. Als Gärtner liegt mir dieser Ratschlag am nächsten. InshAllah werde ich morgen einen dieser Ratschläge in die Tat umsetzen.

Donnerstag, der 7.5.2015

18 Uhr 29.

Scheich Nezami 1141-1209 (Friede auf ihm)

Scheich Nezami war ein in mehreren Wissensbereichen bewanderter persischer Dichter, welcher heute als Nationaldichter Aserbaidschans gilt. Sein Hauptwerk wird 2 die fünf Schätze" genannt. Eines dieser fünf Schätze ist für mich besonders wertvoll, nämlich „ Chosrou und Schirin". In dieser Geschichte wird eine Bogenschießende Prinzessin nur durch das Ansehen einer Zeichnung von einem Mann in diesen verliebt. An einer anderen Stelle der Geschichte vollbringt ein Mann Unvorstellbares nur durch die Liebe zu der Prinzessin. Diesen Segen will ich auch haben und vielleicht sieht ja eine Prinzessin die Zeichnung von mir als drehenden Derwisch. InshAllah. Heute um 19 Uhr ist eine Gedenkfeier für den vor einem Jahr von dieser Welt gegangenen Großscheich Nazim al Kibbrisi al Hakkani al Rabbani. Per Livestream wird sie von Zypern gesendet. InshAllah sehe ich es mir an.

Samstag, der 9.5.2015

12 Uhr. Ich bin in einer Bücherei. Auf dem Weg zu dieser ist mir auf der Treppe des U-Bahnhofes Pankstraße eine Weitung des Herzens geschenkt worden. Die Stufen der Treppe waren fleckig und alles andere als sauber. Ich habe die Angewohnheit, beim Treppenhinuntergehen „Estagfirullah" innerlich zu rezitieren und beim Treppensteigen „SubhanAllah". Das tat ich auch diesmal und in mein Herz kam der Dank Allah dafür, wenigstens auf dreckigen Stufen aufsteigen zu dürfen. Elhamdulillah.

13 Uhr. Gestern war ein Tag des Sema. Elhamdulillah. Einen größeren Auftritt gleich nach der Arbeit wurde mir von Allah gegeben. Es war bei einer Sufi- Organisation namens Semerkand. Interessant ist, dass ich diese Brüder bis vor zwei Wochen gar nicht kannte. Vor zwei Wochen war ich am 1. Mai mit einem Bruder zum Juma-Gebet unterwegs und auf dem Weg zu dem Gebetsort wollte der Bruder noch in ein Vereinshaus rein, wo Berek draufstand, also Segen. Ich bin hinter dem Bruder mit rein. Wir grüßten die Brüder dort, lernten uns kennen und es stellte sich heraus, dass es auch Sufis, sogar Naqshibandi waren. Man gab uns Broschüren und sagte, dass in Lichtenberg eine Medresse (Schule) eingerichtet worden ist. Genau dort hatte ich den Auftritt. Schön war beim Aufenthalt im Vereinshaus der Moment, als wir gehen wollten. Ich hatte vor, noch etwas Geld in die Spendenbox zu tun. Als ich das tat, nahm einer der Brüder dort eine Broschüre von lins und legte sie auf die rechte Seite der Box. Das sei für Gefängnisse, sagte er. Mit jeder Spende wird eine Broschüre finanziert, welche in ein Gefängnis geht. Elhamdulillah. Ich wollte ja immer etwas für Gefangene tun. Also spendete ich noch 10 Euro mehr, denn in mein Herz kam die Erfüllung von etwas, das mein Scheich Esref Efendi am Herzen liegt. Er sagte einmal, dass das Sema in die Gefängnisse kommt. Dieses Wort von ihm halte ich hoch. Da wir noch nicht dazu kamen, in einem Gefängnis etwas in dieser Richtung zu machen, nahm ich diese Gelegenheit wahr, um das Wort meines Scheichs zu ehren. Elhamdulillah. Jetzt, wo ich weiß, wo ich direkt etwas für Gefangene machen kann, werde ich diese Gelegenheit im Herzen aufbewahren. Semerkand ist groß. Wie immer bei größeren Gruppenwerden auch dort neue Verbindungen geknüpft. Das war auch bei unserem Auftritt der Fall. Türen wurden inshAllah geöffnet und wer weiß, was Allah für Schätze hinter diesen Türen versteckt? Vielleicht wissen über die Seele?

Was ist die Seele? Die kürzeste und wie ich finde beste Antwort ist von Ibn Sina, Friede auf ihm und lautet:" Wenn du dir vorstelltest, du selbst wärest vom ersten Moment an mit tadellosem Intellekt und Disposition geschaffen worden, und angenommen du würdest in dieser Lage weder deine Körperteile sehen noch würden sich deine Glieder gegenseitig berühren, sondern du wärest losgelöst und augenblicklich in der freien Luft schwebend, so wäre dir nichts bewußt, außer der Gewißheit deiner eigenen Existenz."

Dienstag, der 12.5.2015

11 Uhr 18. Ich muss an die erste Zeit nach dem Verlassen der Erde von Scheich Nazim denken und will mich noch mal daran erinnern, wie es für mich damals war. Gott sei Dank führe ich ja Tagebuch. Mal sehen, wie es damals war.

Donnerstag, der 8.5.2014

8 Uhr 5. Es war sehr emotional gestern. Ich war einer der wenigen, der nicht geweint hat. Himmlische Hochzeit! Ein Grund der Freude und nicht der Trauer. Mevlana Rumi, Friede auf ihm, hat seinen Schülern vor seinem Tod gesagt, dass sie auf seiner Beerdigung nicht weinen sollen, sondern tanzen und singen, denn das ist der Tag seiner wahren Hochzeit. So halte ich es mit dem Tod des Großscheichs. Shukrur Allah. Ich danke Allah, dass er mich gestern

fröhlich gelassen hat. Schließlich ist Großscheich jetzt da, wo wir alle hergekommen sind. Nach der Rezitation der Sure Yasin und dem Gebet haben wir den Bund mit dem ältesten Sohn des verstorbenen Großscheich Nazim genommen und ein letztes Mal Zikir mit Großscheichs Unterstützung gemacht. Ich bin mal gespannt, wie das Zikir übermorgen wird, da wir am Anfang immer den Großscheich um Unterstützung gebeten haben. Mein Scheich hat auch gesagt, dass es jetzt Fitna geben wird, es um die Nachfolge Streit geben wird und dass wir uns an Scheich Mehmet Adil Efendi, dem ältesten Sohn des Großscheichs, halten sollen. Ist jemand anderer Meinung, so soll er mit dieser nicht zum Scheich gehen. Diese klare Ansage ist notwendig. Jeder soll sich jetzt entscheiden und dann nach seiner Entscheidung handeln. Der Großscheich war der Pol. Alle haben auf ihn gehört. Es gibt ältere Schüler, die mit ihm länger auf dem Weg waren, als sein ältester Sohn Scheich Mehmet Adil Efendi. Blutsverwandtschaft bedeutet im Islam nicht automatisch Nachfolge. Wie wird Autorität verliehen? Wie äußert sich Autorität? Wir sollen auf jeden Fall unsere Arbeit weiterhin ausführen und uns aus dieser Zwietracht heraushalten. InshAllah.

Freitag, der 9.5.2014

14 Uhr 12. Militärparade auf der Krim. Russische Fahnen wehen in die Kamera. Kampfflugzeuge fliegen in Formation über die Zuschauer und Kameras. Wie zeigt sich Autorität?

18 Uhr 35. Bin in der Bücherei. Ich habe das Manuskript auf den neuesten Stand gebracht. Morgen werde ich noch mal hierher kommen, um mich etwas mit Abspaltung im Islam zu befassen und die Lage um die Nachfolge des Großscheichs aus meiner beschränkten Sicht darzulegen. Möge Allah mir die Unterstützung von Scheich Mehmet Adil Efendi zukommen lassen. Fatiha.

Samstag, der 10.5.2014

11 Uhr. Ein kurzer Blick auf einige Aspekte der Geschichte des Islam mit besonderem Schwerpunkt der Nachfolge führt mich zu den Charidschiten. Uthman ibn Affan, Friede auf ihm, der dritte Kalif wird ermordet. Danach gibt es zwei Lager. Aus eins wird zwei. Das eine Lager steht zu dem Prophetenschwager Ali ibn Abi Talib, Friede auf ihm, und das zweite Lager hält zu Mu`awiya I., einem ehemaligen syrischen Gouverneur Uthmans sowie Verwandter. Mu´awiya I. fordert die Bestrafung der Mörder von Uthman ibn Affan, Friede auf ihm. 657 kommt es zu einer Konfrontation zwischen beiden Lagern und bei dieser Schlacht gewinnt die Seite Ali`s, Friede auf ihm, militärisch die Oberhand. Mu´awiya I. schickt Syrer in das Lager von Ali, die an die Spitzen ihrer Lanzen Koranexemplare befestigt haben und mit lauter Stimme einen Waffenstillstand erbeten sowie die Entscheidung der Schlacht dem Urteil des heiligen Buches überlassen haben wollen. Ali, Friede auf ihm, stimmt der Einsetzung eines Schiedsgerichtes zu, dass über das Verhalten Uthmans, Friede auf ihm, die Schuld an dessen Tod und damit auch indirekt die Rechtmäßigkeit seines eigenen Kalifats entscheiden soll. Ali, Friede auf ihm, nutzt also das Gespräch, um Frieden zu erreichen. Einen Teil seiner Anhänger gefällt das nicht. Sie verweisen auf Koranverse, die den Kampf gegen Rebellen gebieten. Zudem meinen sie, dass das Schiedsgericht unrechtmäßig ist, weil es nur ein menschliches Urteil fällen kann, während der Ausgang der Schlacht ein Gottesurteil sein soll. Einige von ihnen erheben in Anlehnung an den Koran den Ruf:" Die Entscheidung/ Herrschaft steht allein Gott zu!"(la hukma illa li-llah) Wegen dieser Parole werden diese Leute Muhakkima genannt. Sie ziehen sich nach Kufa zurück, wo sich ihnen Tausende

anschließen. Von dort geht es nach Harura, wo sie sich von der Herrschaft Alis, Friede auf ihm, lossagen. Sie verkünden nun, dass man den Treueeid (Bai´a) allein mit Gott nehmen darf.

Das ist das, was wir in der Dergah mit Scheich Mehmet Adil Efendi gemacht haben. Hier ist also schon ein gewaltiger Unterschied zu uns und den Muhakkima, denn bei uns heißt es, dass jene, welche keinen Scheich haben, den Schaitan, euzu billahi ir rahman ir rahim, als Scheich haben.

Die Ablehner Alis betonen das koranische Prinzip vom Gebieten des Rechten und Verbieten des Unrechten und fordern, dass ein Gremium den neuen Führer der Gemeinschaft wählen soll.

Das gibt es bei uns auch nicht. Der Scheich zeigt schon auf seinen Nachfolger und lässt diesen nicht von den Egos der Schüler wählen. Das niedere Ego will einen weichen Führer; einen schwachen Erzieher. Die Erziehung zum wahren Menschen erfordert aber das, was das Ego braucht und nicht das, was es will.

Ali, Friede auf ihm, nimmt Verhandlungen mit den Anführern von Harura auf. Die Leute von Harura sehen die Tötung der Anhänger von Mu´awiya I. als rechtmäßig an und sind unzufrieden mit dem Urteil des Schiedsgerichts. Ali, Friede auf ihm, gelingt es, einige Leute von Harura mit seiner Herrschaft zu versöhnen und in sein Lager wieder aufzunehmen. 658 kommt es zu einem zweiten Auszug der Unzufriedenen, da Ali an dem Urteil des Schiedsgerichts festhält. Diese Unzufriedenen wählen nun einen eigenen Anführer und verlangen von Ali das Eingeständnis, dass er mit seiner Zustimmung zum Urteil des Schiedsgerichts eine Sünde und einen Akt des Unglaubens begangen hat. Sie fordern eine Rücknahme seiner Entscheidung. Die Unzufriedenen radikalisieren sich und begehen terroristische Aktionen. Sie erklären Ali und Uthman, Friede auf beiden, zu Ungläubige. Diese zweite Welle der Unzufriedenen wird als Chawaridsch (charidschin/ Auszügler)" bezeichnet und im Deutschen als „ Charidschiten" bezeichnet. Diese Gruppe wird größer. Ali ist aufgrund der zunehmenden Aggression dieser Gruppe gezwungen, gegen sie vorzugehen. 658 besiegt er sie. Zwischen 658 und 659 kommt es zu einer Reihe charidschitischer Aufstände gegen ihn. Im Januar 661 wird Ali, Friede auf ihm, durch einen Charidschiten ermordet.

Die Lehren der Charidschiten sind eine radikale Befürwortung der Gleichheit unter den Gläubigen. Jede familiäre oder stammesmäßige Bevorzugung bei der Auswahl des Kalifen wird abgelehnt. Nach ihrer Auffassung soll der beste Muslim Kali sein, auch wenn er der Sohn des niedrigsten Sklaven oder Nichtaraber ist, was die Charidschiten für viele Muslime nichtarabischer Herkunft attraktiv machte. Aus den Charidschiten sind unter anderem die Ibaditen hervorgegangen, welcher weder der sunnitischen noch der schiitischen Richtung des Islam zugeordnet werden. Sie haben eine eigene Rechtsschule. Die meisten Ibaditen leben heute im Oman auf der arabischen Halbinsel, wo sie die Bevölkerungsmehrheit bilden. Dann gibt es noch kleine ibaditische Gemeinschaften in Nordafrika. So ist aus eins vieles geworden, doch wer genau vermag zu sagen, wer im Recht von den vielen ist? Nur eines unterscheidet doch all diese Gruppierungen ohne Wenn und Aber. Es gibt die, welche den Bund mit einer Person genommen haben, die ihnen von Allah geschickt wurde. Dann gibt es noch die, welche den Bund mit dieser Person ablehnten und sich selbst einen Führer wählten.

Weniger von der fernen Vergangenheit. Wenn man diese als Lehre nimmt, so steht unsere Gemeinschaft noch ganz gut da. Das ist auf die heutige Zeit gesehen sehr lehrreich. Ich folge

meinem Scheich Esref Efendi. Wenn er sagt, ich soll den Bund mit Scheich Mehmet Adil Efendi nehmen, so tue ich es. Ich habe keinen Scheich, außer meinem Scheich und dieser ist mit Scheich Mehmet Adil Efendi. Ist es leicht mit meinem Scheich? Fünf Jahre bin ich jetzt bei ihm und vier Mal wollte mein Ego voller Zorn oder Unverständnis spirituell auswandern und sich einen anderen Scheich suchen. Doch ich nehme mein Ego überall mit und das, was mich an meinem Scheich reiben lässt, ist immer mit mir. Also ergebe ich mich dieser Tatsache und hoffe, dass Allah mir mehr Geduld, Kraft und Vertrauen zu meinem Scheich schenkt. Mit mir hat Allah ohne Zweifel meinem Scheich genug auferlegt. Möge Allah meinem Scheich dafür 1001-mal mehr Segen geben, als ich für ihn erbete. Fatiha. Mein Großscheich, Friede auf ihm, ist von dieser Welt gegangen. Als ich noch neu in der alten Dergah war, kam ein älterer Bruder zu Besuch. Ihm wurde Gastrecht gewährt und er schlief einige Tage in der Dergah. Älter war er und ein direkter Schüler vom Großscheich. Dieser Bruder respektierte meinen Scheich nicht so, wie ich. Er war aber der erste, dem ich die Hand küsste. Ein Deutscher, weit in der Welt herum gereist und über eine gute Verbindung zu Allah verfügte dieser ältere Bruder zweifellos. Die Gemeinschaft war ihm gegenüber gespalten. Ich mochte ihn, sah ihn aber niemals spirituell höher als meinen Scheich an.

15 Uhr 3. Ich esse Pistazien. Auf dem Becher steht ganz groß Pistazien. Zutaten sind Pistazien und Salz. Hinweis für Allergiker: Enthält Pistazien. Shukrur Allah. Ich habe ein Produkt gekauft, wo auch das drin war, was auf der Verpackung steht. Ich habe Wahrhaftigkeit zu mir genommen. Mein Vertrauen in das Wort wurde mit dem Geschmack dieses Wortes belohnt.

Den großen europäischen Gesangswettbewerb hat ein Mann gewonnen, der einen Frauennamen trägt. Mit einem prächtigen Bart hat er in einem teuer aussehenden Abendkleid und hoher Stimme den Sieg davongetragen. War hier der Name mit dem Inhalt identisch? Oder fühlt man sich getäuscht und irritiert? Irritation ist Zweifel. Zweifel ist da, wo Wahrhaftigkeit fehlt.

Montag, der 12.5.2014

Das war im Jahr davor. Nun geht es weiter im Hier und Jetzt.

Mittwoch, der 13.5.2015

6 Uhr 45. Auf der Arbeit pflanzen wir die Sommerbepflanzung. De ja vu. Wie war es im Vorjahr?

7 Uhr 45. Ich knie auf einem Polster auf dem Gras. Die Sonne scheint auf mich. Auf der Wiese sind Regentropfen als Reste des Nachtregens wie Diamanten verteilt. Die Wassertropfen glitzern in der Sonne. Wasser. Ozean. Ozean der Weisheit. Eine Schwester riet mir am Wochenende, alle Frauen mit fragwürdigen Fotos aus meiner Facebook-Freundschaftsliste zu entfernen. Davon halte ich nichts, arbeite aber mit dieser Anregung und schaue, wie ich das positiv umwandeln kann. Mir ist vor einer halben Stunde in das Herz gekommen, alle meine Facebook Freunde zum „Ozean der Weisheit" einzuladen. Wir alle kommen von Allah und kehren zu ihm zurück. Das Bewusstsein darüber ist bei jedem unterschiedlich. Man kann dieses Bewusstsein als Wissen betrachten. Das Wissen wiederum kann man als Distanz zu dem Ozean sehen. Einige hören nur die Geräusche des Ozeans. Andere sehen, wie die Wellen sich am Strand brechen. Manche stehen mit den Füßen im Ozean, wenige schwimmen in ihm, noch weniger tauchen in ihm ein nach Perlen und andere sind weiter weg vom Ozean diesem abgewandt und leugnen dessen Existenz. Doch der Ozean ist da. Und manchmal entsteht aus ihm eine Welle, welche über das Land rollt und erreicht

auch die, welche sich vom Ozean abgewandt haben. Mal sehen, wie meine Facebook Freunde auf die Einladung zum Ozean der Weisheit reagieren.

Freitag, der 15.5.2015

11 Uhr 23. Leicht fühle ich mich, da ich faste. Es ist die Zeit dafür.

Samstag, der 16.5.2015

15 Uhr 15. Gestern zu fasten war gut, denn es war die Heilige Nacht Lailat al Miraj, in der der Prophet Mohammed, Friede sei auf ihm, die Himmelsreise machte. Es ist eine Empfehlung, an diesem Tag zu fasten und aufrichtiges Fasten wird an diesem Tag so hoch belohnt, als habe man 100 Jahre gefastet und gebetet. Für die Gemeinschaft „ Ozean der Weisheit" hatte ich gestern gefastet und Allah gebeten, dass der den versprochenen Segen dieser Gemeinschaft gibt. Am Abend haben wir in der Fabrik dann das Fasten gebrochen, das Nachtgebet verrichtet und Zikir gemacht, zu dem ich mich dann drehen durfte. Elhamdulillah. Meine Konzentration geht verstärkt zum Ozean der Weisheit. Ich habe mir Aufkleber gekauft, wo ich dann Werbung für den Ozean der Weisheit inshAllah machen werde. Mit einem blauen Edding tue ich es. Einen neuen Nassrasierer habe ich mir heute gekauft. Dieser hat eine Hydroklinge. Mein Sternzeichen ist Fische. Ich könnte, glaube ich, ewig so weitermachen, doch mein Kaffee ist gleich ausgetrunken und meine U- Bahn naht. Elhamdulillah.

Sonntag, der 17.5.2015

<u>Kein Pfeil fliegt den gleichen Weg zweimal</u>

Wer an Reinkarnation glaubt, ist nicht im Frieden. Denn, wer im Frieden ist, braucht nichts. Wer sich im Frieden befindet, ist dankbar. Dankbare Menschen geben und wollen nichts. Menschen mit Wunsch nach Reinkarnation sind demnach nicht in Frieden mit dem Willen Gottes. Wenn diese Menschen sagen, sie wollen reinkarniert werden, damit andere Seelen gerettet werden, so kommt noch Hochmut hinzu. Wie liebevoll kann so ein Mensch sein? Jeder Pfeil fliegt seinen eigenen perfekten Flug und der Osmanische Bogenschütze ist im Frieden mit dessen Flug, da er in Seinem Namen geschossen hat. Ya Haqq.

11 Uhr 12. Heute habe ich die Absicht, für Finnland Bogen zu schießen. Möge Allah einen Engel erschaffen, der Finnland bis in alle Ewigkeit den Segen von Ya Haqq gibt. Fatiha.

11 Uhr 39. Ich habe gerade die Bogensehne, Kirisch, gewachst.

Wenn jemand ein System aufbaut, in dem zwei Liebende nicht zueinander finden, muss er sich nicht wundern, wenn dieses System nicht lange existiert. Liebe ist Anziehung. Wo Anziehung verhindert oder zerstört wird, da folgt Auflösung.

Montag, der 18.5.2015

10 Uhr 40. Dreieinhalb Stunden habe ich geschlafen. Trotzdem bin ich fit. Gestern war es ein typischer Tag eines Derwisches. Voller Überraschungen und Wendungen war der Vortag und ich konnte mich dem nur mit Staunen ergeben. Nach dem Bogenschießen sind wir erst essen gegangen und dann zu einem polnischen Bruder. Nach einigen Gesprächen bei ihm sind wir zum Dachboden des Hauses gestiegen und hatten dort auch Bogenschießen geübt. Der Bruder hat uns angeboten, dass wir das dort üben könnten, wann immer wir wollen. Das wäre nicht schlecht. Danach hat er uns noch zu einer Garage geführt, in der ein mit Holz kundiger Freund vorgestellt wurde. Eine Tür wurde geöffnet und Allah weiß allein, was diese

Verbindungen hervorbringen werden. In der Wohnung davor war ein Bruder, der Kostümschneider ist und dieser hatte netterweise meinen Köcher verbessert. Möge Allah ihm den Segen dieser Verbesserung geben. Nach der Garage sind wir noch zu einem Büro gegangen, das frei steht. Dabei dachte ich sofort an etwas, dass der Hodscha gesagt hat. Der Ozean der Weisheit soll nämlich umziehen. Die Räumlichkeiten sollen vergrößert werden. Die Schwestern machten gleich einige Fotos von den Büros und ich werde das weiterleiten. Wieder zurück in der Wohnung, besprachen wir noch das Projekt.

Dienstag, der 19.5.2015

Himmlisches Hochzeitsgeschenk

Bei einer türkischen Hochzeit gibt es Gold für die Braut. Morgengabe wird das genannt und soll unter anderem den Wert der Braut für den Bräutigam darstellen. Das ist ein weltliches Maß. Was bringt man für die Himmlische Hochzeit auf? Der Sufi bringt sein Zikir zur Himmlischen Hochzeit und der Osmanische Bogenschütze sein Ya Hakk. Jedes Ya Hakk wurde mit dem ganzen Körper gegeben und ist mindestens so schwer wie die eine Goldmünze mit dem Gewicht der absoluten Wahrheit. All das Gold dieser Welt ist weniger wert, als das Ya Hakk eines Osmanischen Bogenschützen. Sage mir, werter Leser, wie schön soll deine Hochzeit sein?

Mittwoch, der 20.5.2015

Der Monat Shaban ist momentan.

Donnerstag, der 21.5.2015

Die Osmanischen Bogenschützen sind jetzt im Schützenverband. Elhamdulillah.

Freitag, der 22.5.2015

11 Uhr 39. Vier Tage als drehender Derwisch liegen vor mir. Elhamdulillah. Mehr Sema, dafür weniger Schreiben. Der Sommer ist ja auch die Zeit des Erlebens, während man im Winter über das Erlebte nachdenken und vielleicht auch schreiben kann. Da ich momentan mehr tue, als schreiben, bietet sich die Möglichkeit, nachzuschauen, was ich zur gleichen Zeit im Vorjahr getan habe.

Montag, der 25.5.2015

Pfingstmontag. 10 Uhr 55. Ich bin auf dem Weg zu einer Kirche, wo ich den letzten der vier Auftritte als drehender Derwisch haben werde. Elhamdulillah. Der gestrige dritte Auftritt ist ja eigentlich gar nicht mehr zu steigern. Es war anstrengend, doch wunderschön. Das Drehen von mir war technisch gesehen nicht so schön, doch dafür hatte ich mit mehr Herz als sonst gedreht. Allah macht es schon schön. Es ging gestern um ein Fest einer Moschee. Ein kleines Zelt war aufgebaut mit einem Teppich davor. Ankommen. Das Derwisch Gewand anziehen und schon ging es los. Einige Lieder, dann war ich mit dem Drehen dran. Der Teppich war auf Großsteinpflaster ausgebreitet und in der Mitte leicht ausgebeult. Das Drehen war schwierig, da der Untergrund mehr Reibung und Unebenheiten als gewohnt hatte. Der Wind kam permanent von rechts, so dass ich ständig gegenarbeiten musste. Ich hatte Schwierigkeiten auf der Stelle zu bleiben. Dafür ging ich mit mehr Herz über diese Ebene des Kritisierens. Nach meinem Auftritt kam für mich das Schönste an diesem Tag. Jetzt beim Beschreiben dieses gestrigen Tageshighlights sitze ich in der Kirche und warte auf meine Leute. Ich werde ganz leicht beim jetzigen Schreiben. Ein Mann kam gerade zu mir und fragte

mich, wo denn jetzt die Sufis sind? Ich sagte es ihm. Zurück zum gestrigen Highlight. Auf dem Teppich kniend wurde um mich herum auf Türkisch geredet. Viel Bewegung war an der Technik, denn ein Auftritt von acht Mädchen war geplant, die alle in Derwisch Gewänder gehüllt waren, wobei der Hut, Sikke, aus grünem Stoff gefertigt war. Sieben Mädchen setzten sich in einen Kreis und eines in einem grünen Gewand in die Mitte des Kreises. Die Mädchen führten dann zu einem Lied eine schöne Sema- Vorführung auf. Elhamdulillah.

Freitag, der 29.5.2015

8 Uhr 3. Gestern habe ich eine SMS von der Frau, die bei der Schweriner Veranstaltung meine Ansprechpartnerin war, erhalten. In der SMS stand, dass sie uns(wahrscheinlich die Sufis) nicht vergessen hat und die Gage für den Auftritt durch den Poststreik etwas warten musste. Es sind schöne Fotos von dem Auftritt entstanden und sie fragte, ob sie diese dem Sufi- Zentrum schicken soll. Ich bejahte diese Frage. Schwerin war auch ein Auftritt für das Ansehen von Esref Efendi. Diese Fotos möchte ich selbst auch noch mal posten und so meinen Dank ihm gegenüber zeigen. Ob ich heute zur Fabrik gehe, ist in der Schwebe. Wenn nicht, dann besuche ich meine Mutter zu dem mir ein älterer Bruder beim Auftritt in der Kirche am Wochenende geraten hat. Es ist ja auch nicht nötig, jeden Freitag in der Fabrik zu sein. Jeder ist ersetzbar und wenn Allah eine Position der Dienerschaft geschaffen hat, so lässt er diese Position niemals unbesetzt. Soll ein anderer mal den Segen des Dienens bekommen. Es sind ja schließlich noch andere Menschen da. Eigentlich wäre das für mich ein gutes Egotraining, den Segen heute anderen zu überlassen.

8 Uhr 29. Gage für einen Derwisch? Ist das spirituell? Mir wurde mal gesagt, dass Veranstaltungen des Sufi- Zentrums Rabbaniyya so ausgerichtet werden, dass man beim ersten Mal ruhig finanziell Minus machen kann, beim zweiten Mal im neutralen Bereich sein sollte und beim dritten Mal etwas Gewinn erwirtschaften soll. Der Auftritt in Schwerin hat mich Fahrgeld gekostet. Wenn ich mich nur für Allah drehe und kein Geld annehmen würde, so könnte ich mich bald nur noch zu Hause drehen. Bis auf das Fahrgeld und etwas für mich wird der Großteil der Gage dem Sufi- Zentrum gespendet, damit dieses Geld gesegnet ist. Manche halten nichts davon, dass sich Derwische für Geld drehen, aber wer von diesen Kritikern weiß denn, wie die Dergahs der drehenden Derwische finanziert werden? Welcher Mensch findet denn zu einer Dergah? Wer sucht denn am ehesten zu Gott? Der, dem es gut geht oder einer, dem es schlecht geht? Genau, der zweite. Eine Dergah fängt die Gestrauchelten auf und pflegt sie und durch Gestrauchelte, welche vielleicht ihre Arbeit verloren haben oder erst gar nicht die Kraft haben zu arbeiten, kann keine Dergah getragen werden. Also ist dieses Drehen natürlich nur für Allah, doch Geld soll ich auch nehmen, was ich dann der Fabrik gebe. Man sollte den Blick weiten, eine Dergah besuchen, um zu schmecken, wie dieses System funktioniert.

9 Uhr 5. Die Sonne scheint. Der Himmel ist blau. Die Vögel zwitschern. Elhamdulillah. Alles ist in Göttlicher Ordnung. Bis vor zwei Jahren hielt ich nichts von Facebook. Doch heute sehe ich es nur als einen weiteren Kanal; einen weiteren Sinn. Über Facebook kann ich mit Menschen in Kontakt treten, welche ich im realen Leben schwer treffen könnte. Es ist eine Erweiterung meines Selbst. Mit der damit einhergehenden steigenden Flut von Bildern zeigt sich, wo man steht. Das, was man aussendet, zieht man an. Es ist das Echo- Prinzip. Hast du eine schöne Stimme und singst schön, so erhältst du ein schönes Echo zurück. Hast du Hass in deinem Innern, so kommt ein Echo von Hass zu dir zurück. So wie du bist, nimmst du die Posts auf Facebook wahr. Manches springt dich geradezu an und anderes registrierst du nur

nebenbei, ohne dass es dich berührt. Je nachdem, wie entwickelt das Innere eines Menschen ist, sieht man die Welt. Es gibt eine schöne Geschichte vom Großscheich Nazim, Friede auf ihm. Als der Großscheich noch auf der Welt weilte, war das am Ende auf Zypern. Um die Dergah herum soll es viele Glücksspielcasinos, Kneipen und andere Einrichtungen geben, welche ein starker Kontrast zu einem heiligen Ort sind. Die Schüler werden dort auf verschiedene Art geprüft. Einer der Schüler kam also mal zum Großscheich und beschwerte sich über die halbnackten Frauen, die er auf dem Weg zur Dergah gesehen hatte, sowie über andere Einrichtungen, welche seiner Meinung nach Sünde waren. Der Großscheich soll ihn zurechtgewiesen haben mit den Worten:" Du lügst. Ich lebe seit Jahren hier und diese Dinge habe ich nie gesehen."

Der Mensch sieht, was er sehen will. So, wie sein Herz ist, so bietet sich ihm die Welt dar. Ein Sünder ist jemand, der auf dem Weg der Besserung ist, so wie wir alle. Jeder Augenblick in der Göttlichen Gegenwart ist schöner als der vorherige, deswegen sind wir alle eigentlich auf dem ständigen Weg der Besserung.

Ein blühendes Tränendes Herz reckt seine grünen Blätter in die Sonne. Gelappte Blätter hat es und diese ähneln ausgestreckten Händen. Die vier rosafarbenen Blüten sind schon offen. Sie sehen wirklich wie Herzen aus, die unten auseinandergehen. Weiß kommt aus der Mitte der rosafarbenen Blüte und sieht aus wie eine weiße Träne aus einem unten aufgebrochenem Herzen. Mit ein wenig Fantasie kann das Weiß als Derwisch durchgehen. Um das Tränende Herz sind Holzsplitter. Sie bilden grob die Form eines Herzens um die Pflanze auf dem dunklen Mutterboden.

Dienstag, der 2.6.2015

Später Nachmittag. Heute habe ich frei. Gestern war eine Heilige Nacht und zwar die Lailat al- Baraat. In dieser Nacht wird das Schicksal für das kommende Jahr geschrieben. Da ich geahnt habe, dass es bis in den Dienstag dauern könnte, habe ich mir den heutigen Tag freigenommen. Eine gute Investition. Elhamdulillah. 100 Rakats, Niederwerfungen, soll man in dieser Nacht machen. Das haben wir im mit einer Pause auch geschafft. Danach war ich fix und fertig. Da war es, glaube ich 1 Uhr. Wünschen kann man sich in dieser Nacht Dinge und der Hodscha ermutigte uns sogar dazu. Vier Wünsche nahmen bis gestern deutliche Formen an und diese wünschte ich mir von Allah erfüllt zu werden. Fasten am gestrigen Tag war auch eine Empfehlung, was ich tat. Nach dem wir uns kurz nach zwei Uhr vor dem „ Ozean der Weisheit" trennten, ging ich noch zu einem Späti, wobei ich etwas rezitierte, was uns noch aufgetragen war. Auf diesem Weg erbat ich mir für das folgende Jahr noch mehr und jetzt bin ich schon gespannt, was davon erfüllt wird. Die beiden Brüder beim Späti sagten, dass ich viel Licht, Nur, hatte. InshAllah.

Während ich dies niederschreibe, sitze ich an einem Kanal mit Zamzan Wasser in einem kleinen Plastikbehälter, der wie ein Benzinkanister aussieht. Ich werde gleich einige Tropfen dieses heiligen Wassers in den Kanal tröpfeln und das mit der Bitte an Allah verbinden, dass der Kanal von allem Schlechtem, was wir Menschen ihm angetan haben, zu reinigen und den Segen dieser Reinigung der Gemeinschaft „ Ozean der Weisheit" inshAllah zu geben. Fatiha.

Ungefähr 20 Minuten später sitze ich auf einer Bank am Plötzensee. Die Sonne geht langsam unter. Ich schaue in meine Tasche auf zwei Dinge, welche ich auf den Weg zum Kanal gekauft habe. Totes Meer- Duschgel und Menthol- Pastillen von Fisherman`s Friend. Ich bin voll in Resonanz mit dem „ Ozean der Weisheit" und solche Dinge lenken meine

Aufmerksamkeit auf diese Schwingungswelle. Hier wollte ich das Schreiben beenden, während mein Blick auf blaue Burlington- Socken fallen, die ich trage und welche ich mir auch erst letzte Woche gekauft habe. Blau wie das von Kindern gezeichnete Meer. Elhamdulillah.

Mittwoch, der 3.6. 2015

7 Uhr 8. Elhamdulillah. Auf dem Weg zur Arbeit habe ich zwei Dosen Saatgutmischungen in Baumscheiben verteilt und Allah um den Segen dieser Aktion für den „ Ozean der Weisheit" gebeten, Diese Blumensamen kann man noch im Juni aussäen und das werde ich noch ausnutzen. Segen für die Dergah „ Ozean der Weisheit" kann nie schaden. Blumen brauchen Wasser. Das Wasser aus dem Ozean der Weisheit ist besonders ergiebig.

Freitag, der 5.6.2015

7 Uhr 5. Heute Morgen vor der Arbeit habe ich auf dem Weg zu meiner Arbeitsstelle wieder zwei Dosen Blumensaatgutmischungen ausgesät und Allah darum gebeten, den Segen davon dem" Ozean der Weisheit" zu geben. Großscheich Nazim, Friede auf ihm, soll auch gesagt haben, dass man für ihn beten soll. An andere positiv zu denken, etwas Schönes für diese zu wünschen und Allah darum zu bitten, anderen Gutes zu tun ist gutes Egotraining.

Weise Imker haben den besten Honig

Es war einmal ein sonniger Tag in Berlin. Ein Gärtner arbeitete auf einem Kompostplatz und siebte Mutterboden, als plötzlich ein freundlicher Mann herannahte. „Guten Tag, ich bin Imker und wollte mir diesen Platz hier einmalansehen." sagte der Imker.

„Grüß Gott. Da habe ich nichts dagegen. Machen Sie nur!"

Der Imker sah sich den Platz an und fand, dass dieser geeignet wäre für Bienenstöcke. „Die Bienen wären hier auch sichtgeschützt, was den Diebstahl erschweren würde." Sagte der Imker.

„ Bienen werden geklaut?" fragte der Gärtner erstaunt.

„ Ja, das passiert. Ein Volk bringt so um die 100 bis 150 Euro."

„ Unglaublich."

Beide unterhielten sich über dieses und jenes, bis das Gespräch auf eine Beobachtung des Gärtners vor einigen Monaten am Bodensee kam. Der Gärtner erzählte:" Es hat mich dort unten verwundert. Stille in den Fichtenwäldern und Rapsfeldern, soweit das Auge reicht. Kaum Vogelgezwitscher und Leben wie hier in Berlin."

„ Ja, die Kollegen da unten beneiden mich um die Vielfalt in der Stadt. Schlimm seien diese Rapsfelder und andere Monokulturen."

„ Patente auf Pflanzen anzumelden ist Schwachsinn. Irrsinn. Die Konzernmitarbeiter sind nicht Gott. Nur Er hat das Patent auf alle Pflanzen. Eigentlich gehören die schwachsinnigen Konzernarbeiter in die Psychiatrie eingewiesen."

„Das ist wirklich Irrsinn."

„ Dem Schöpfer gehört die Schöpfung. Kein Geschöpf kann etwas Geschaffenes gehören. Nur anvertraut kann einem Geschöpf etwas werden. Der beste Imker ist jener, welcher weiß, dass

die Bienen ihm anvertraut sind. Der beste Regierende ist der, welcher weiß, dass die Untertanen ihm anvertraut sind. Das höchste Wissen hat ein Gläubiger, denn dieser weiß, dass über ihm noch Einer ist. So wie ein guter Imker weiß, was am besten für die Bienen ist, weiß ein guter Regent, was gut für seine Untertanen ist."

„Ja, da ist was dran. Imker arbeiten mit perfekt funktionierende Völkern."

„Die Bienen haben eine Königin und alle schlauen Imker haben mit dem zu sich genommenen Honig die Monarchie im Blut."

Beide lachten herzhaft. Nach Minuten verabschiedeten sich beide voneinander. Noch etwas später sag der Gärtner auf das gekaufte Honigglas. Honig stand darauf. Der Deckel wurde geöffnet und an dem Goldfarbenen Inhalt gerochen. Es roch auch nach Honig. Der rechte Zeigefinger wurde mit der Fingerspitze in die Goldfarbene Flüssigkeit eingetaucht und dann von dem Eigetauchtem gekostet. Der Geschmack bezeugte, dass es Honig war.

Der Geschmack ist das höchste Wissen. Imker haben wahrhaftig den besten Honig und hoffentlich gibt Gott den deutschen Politikern etwas von diesem Wissen in ihre Herzen.

Samstag, der 6.6.2015

Um 10 Uhr 30. Ich sitze auf einer Bank in einem U- Bahnhof und bin auf dem Weg zur Bücherei. Ich schreibe einfach nur so und weil am Vortag etwas passiert ist, dass mich innerlich so bewegt hat, dass es auf Papier gebannt und damit zur Ruhe gebracht werden soll. InshAllah. Die Sure Ya Sin läuft gerade auf meinem mp3- Player und ein Mann hinter mir niest gerade. Haqq. Eigentlich hatte ich gestern überhaupt keine Lust auf die Fabrik. Es war schönes Wetter. Nach der Arbeit blieb ich länger im Park und genoss es. Ich war mir sicher, dass es wegen dem schönen Wetter in der Fabrik langweilig werden würde. Mit dieser Erwartung in mir wurde ich doch mal wieder überrascht. Am Abend in der Fabrik kam ein Bruder, der einen Nervenzusammenbruch hatte und vor dem Stellvertreter des Scheichs heulte. Nachdem er sich etwas erholt hatte und in das Bad ging, begann das Zikir. Danach packte der zusammengebrochene sein Problem dann vor der Gruppe aus oder eher nicht, denn obwohl dieser Bruder versprach, es in zwei Minuten darzulegen, redete er bestimmt 20 Minuten und so richtig wusste wohl keiner , was er sagen wollte. Um das Gesagte geht es meist gar nicht. Der Zustand des Sprechers ist die Aussage. Im Park nach der Arbeit las ich über Logorrhöe und genau in der Fabrik wurde kam ich in den Geschmack des Gelesenen. Elhamdulillah. Wieder etwas dazu gelernt. Später dann bat mich ein anderer Bruder mit dem Zusammengebrochenem zu dessen Wohnung zu fahren, um eine Hose zu holen, die der Fahrer dem Zusammengebrochenem am Bodensee ausgeliehen hatte und dem Hosenbesitzer wichtig war. Er wusste schon, weswegen er mich um Mitfahrt bat. Nachdem wir während einer Orientierungslosigkeit während der Fahrt weise beschlossen, einem Navi statt den Anweisungen eines Zusammengebrochenem zu folgen, nahm das Herumirren ein Ende. Wir kamen langsam an der Wohnung an. Elhamdulillah. Es war 1 Uhr in der Nacht, da hörte ich aus einiger Entfernung nur, wie der Zusammengebrochene sagte, dass er seine Schlüssel nicht dabeihabe und deshalb die Scheibe seiner Parterrewohnung einschlagen müsse. Ich wartete beim Auto und konnte es kaum glauben, als der an seine Wohnung angekommene Bruder sich bückte, einen dicken Ast, der auch noch unglaublicher weise dort lag, aufhob zu uns rief:" Wenn die Nachbarn auf der anderen Straßenseite etwas sagen, so antwortet, dass ich das darf, weil das meine Wohnung ist!" Dann holte er aus und die Scheibe war Geschichte. Lichter gingen in der Straße an und es war mir so peinlich, dass ich am liebsten durch die Betondecke

verschwunden wäre. Nachbarn schauten dem die im Fensterrahmen befindlichen Scheibenreste entfernenden Bruder zu und plötzlich ging die Eingangstür auf und der verwirrte Bruder brachte die Nachbarin dazu, den Aufgeweckten zu bestätigen, dass sie ihn kennt und er wirklich dort wohnte. Der Halter des Autos kam dann zu mir und ich sagte ihm nur noch, wie peinlich das alles wäre. Er sollte so schnell wie möglich seine Hose holen und dann bloß weg von hier, bis doch einer die Polizei holen würde. Der Fahrzeughalter sollte dem innerlich Zusammengebrochenen dann noch beim Hose suchen helfen und nach einiger Zeit war der Bruder mit seiner Hose und wir verließen diesen Ort der Scham. Erstaunlicher Ausgang der Nacht, wenn man bedenkt, dass ich davon ausging, dass dieser Abend ziemlich langweilig werden wird.

Wenn ich so daran denke, wie es anderen geht, müsste ich mich bei Allah für meinen Undank entschuldigen, was ich hiermit auch tue. Estagfirullah. Estagfirullah. Estagfirullah. Estagfirullah. Estagfirullah. Estagfirullah. Estagfirullah. Estagfirullah. Estagfirullah. Estagfirullah.

Aus Freude über die Möglichkeit des Bereuens bedanke ich mich bei Allah mit Elhamdulillah, Elhamdulillah, Elhamdulillah, Elhamdulillah, Elhamdulillah, Elhamdulillah, Elhamdulillah, Elhamdulillah, Elhamdulillah, Elhamdulillah, Elhamdulillah, Elhamdulillah, Elhamdulillah und Elhamdulillah.

Dienstag, der 9.6.2015

17 Uhr12. Ozean kommt aus dem Griechischen und bedeutet" der die Erdscheide umfließende Weltstrom". Als Weltmeer kann man ihn bezeichnen. Ich habe ein seltsames Gefühl. Mir ist, als ob der „ Ozean der Weisheit" verschmutzt wurde. Ich habe das Bedürfnis, Allah darum zu bitten, diesen Ort zu reinigen. Möge Allah den „ Ozean der Weisheit" reinigen. Fatiha.

Mittwoch, der 10.6.215

7 Uhr 49. Jetzt geht die Energie bei mir wieder etwas weg vom „ Ozean der Weisheit" zum Osmanischen Bogenschießen. Beides ist ja miteinander verbunden. Ich werde wieder mehr Bogenschießen trainieren und das Geschriebene in Form bringen. Der Schreiber will sich und das Geschriebene in schönere Form bringen. Elhamdulillah.

8 Uhr 43. Eine spirituelle Kollegin kam gerade zu mir. Ihr teile ich manchmal meine Gedanken und Probleme mit. Die Sicht einer anderen Person auf eine Sache hilft einem weiter, da man ja allein aus sich heraus dieses Problem nicht zufriedenstellend bewältigen kann. Die Sicht eines anderen ist ja das Einnehmen einer Position, welche nicht die eigene ist. Aus dieser anderen Position hat man eine fremde Sicht auf seine eigene Position. Das kurzzeitige Einnehmen einer anderen Position ist ja nichts anderes als das Herausziehen aus dem Sumpf des Ichs. Blickt man von einem festen Standpunkt auf den Sumpf, so erkennt man eher, wie man diese Situation in Schönheit bewältigen kann. Diese Kollegin sagte zu mir:" Du hast gesagt, dass du beim Ozean der Weisheit das Gefühl hast, dass dieser verschmutzt wurde. Vielleicht bist du es ja, der den Ozean verschmutzt hat."

„ Mit Sicherheit!" antworte ich und wenig später kommt in mein Herz, dass, wer dreckig ist, den verschmutzten Ort verlässt und sich dann säubert. So ähnlich werde ich es inshAllah machen.

11 Uhr 15. Ich habe gerade ein weißes Feuerzeug gefunden, ausprobiert und es funktioniert. In mein Herz kommt sofort die Eingebung „ Ya Ghafar"- Zikir zu machen. Das tue ich und

das Feuer in mir wird durch Feuer bekämpft, kontrolliert und jetzt im Moment bin ich im Frieden. Tamam, sage ich mir und Elhamdulillah.

Donnerstag, der 11.6.2015

6 Uhr 25. Ich fahre auf der Arbeit geschnittene Äste ab, als mich ein Fuchs ansieht. Die Vorderpfoten des Fuchses sind überkreuzt und die Augen des Fuchses rötlich schimmernde Seen voller Ruhe, in denen ich eintauche und etwas berge.

<u>Inari</u>

Ein Raunen umgibt mich, umfließt meine Person und rollt wie eine Welle von weitem zu mir heran. Wispern, mäandernd und zu Tosen umgewandelt, wird zu einem Auge des Sturmes, das in sein Inneres blickt.

„ Ki- Kitsu- Kitsune!"

Ich öffne die Augen.

Es ist hell, denn die Sonne scheint im blauen Himmel. Ich sehe nach oben. Ein zinnoberroter Balken zerteilt das Himmelsazur in der Waagerechten, knapp fünf Meter über mir. Gestützt von zwei gleichfarbigen Säulen rechts und links neben mir bildet er ein torii, unter dem ich stehe. Meine Füße ankern auf dem Boden und ich spüre die Blicke der dichtgedrängten Menschenmenge, welche mich fokussiert, wie eine Rose, die im Winter blutrot erblüht. Ich sehe an mir herunter. Roter firefly- adidas- Trainingsanzug und rote adidas Sneakers. Die Gesichter um mich herum haben asiatische Augen und ich weiß Bescheid. Ich befinde mich am Eingang des Fushimi Inari- Taisha. Es ist der für mich schönste Tempel, welcher Inari gewidmet ist. Knapp 3000 von ihnen gibt es hier in Japan.

Sie entsteht aus Gedanken, Wünschen und Vorstellungen der Herumstehenden und ich sehe sie in roten Umrissen aus Schals, Stoffen oder anderen rotgefärbten Materialien entstehen; die Füchsin. Zwischen dichtgedrängten Leibern sehen rotgeschlitzte Augen zu mir her. Eine Stimme hallt in meinen Kopf.

„ Folge dem Rudel!"

Die Menge bewegt sich wie ein Kollektivschlangenkörper nach vorne und ich mich mit. Ich sehe noch einige Male in zu mir schauende schwarze Augen und konzentriere mich dann auf das, was vor mir erscheint.

„ An deinem Rücken ist die rote Fahne an einer Stange befestigt, wie bei den Samurais. Mit erhobenem Haupt trägst du mein Siegel in den Kampf. Spürst du, wie leicht die Energie mit dem großen Kreislauf deine Stirn durchspült? Deine Schritte sind leicht und du scheinst zu schweben! Du nimmst die Energien der dich Umgebenden auf und nutzt sie, um innerlich zu schwingen!"

Eine Erinnerung und zugleich Mahnung taucht aus dem Meer der Gedanken. „ Sorge dich nicht! Bevor du hierher kamst, wurden deine Hände in frischem Wasser gereinigt und dein Mund ausgespült! Du bist also würdig."

Mit dem Gefühl der Reinheit schreite ich weiter. Ich laufe auf einen gepflasterten Weg voran. Vor mir sind Stufen, die ich emporsteige.

„ Weißt du, wie die Menschen mich vergöttert haben?"

„ Ja. Reis füllt die Mägen und wer diese kontrolliert, kann herrschen. Mäuse fressen Reis und Füchse die Mäuse."

„ Und die Erinnerung des Dankes gebärt Manifestationen."

„ Meme verbinden sich mit Körpern."

„ Ja." Und diese kurze Antwort vergeht in einem Lachen.

Ein Haus im Pagodenstil erscheint vor mir und ein Geruch nach gebratenem Mais weht zu mir her. Neben mir befinden sich die kleinen Menschen in ihren dicken Jacken mit Fell besetzten Kapuzen. Es ist frisch aber ich friere nicht. Mein inneres Feuer wärmt mich. Und der Kanal öffnet sich. Die energetische Kobra kriecht den Rücken hinauf und beißt in die obere Muskulatur des Rückens. Schweiß bricht auf der Stirn aus und ein Zittern durchfährt mich. Die Energie, kontrolliert und wild, wird in Bahnen gelenkt. Ein Lächeln ist die Krone der sich aufbäumenden Schlange. Das Gebäude am Eingang besteht überwiegend aus Holz, was an der ständigen Erdbebengefahr liegt. Eine stabile Konstruktion aus Holz ist es und die Lücken wurden mit Bretterwänden geschlossen. Braun- weiß gestrichen und einstöckig ist das Haus. Schlicht ist der Wohnbereich und das Dach hat die in der japanischen Kultur typische Architektur. Die eleganten Eckschwünge des Daches scheinen am Himmel befestigt zu sein und kleiden das Gebäude noch mehr in Leichtigkeit. Das Eingangsgebäude wird von zwei etwa drei Meter hohen Kitsunestatuen flankiert. Diese Fuchsstatuen stehen auf Sockeln und diese machen die Hälfte der Statuen Höhe aus. Ich stehe näher an der linken und betrachte sie genauer.

Schlank ist die Kitsunefigur. Die Hinterbeine sind eingeknickt, während die Vorderbeine gestreckt sind. Beobachterstellung. Der Kopf ist erhoben und die Augen scheinen mich zu fixieren. Ein roter Latz ist um den Hals der Kitsunestatue gebunden. Im Maul befindet sich ein länglicher Gegenstand.

„ Spüre, wie die Energie des Augenkontaktes deine Augenränder weich werden lässt! Etwaige Spannungen verschwinden und die Pupillen schwimmen in einem Meer der Klarheit. Weich ist dein Blick und Ruhe dein Schlafplatz. Du schwebst im Auge Gottes und deine Sicht beträgt 360 Grad. Nichts entgeht dir und kein Schatten vermag etwas vor dir zu verbergen!"

Ich nicke und fühle mich, als ob zwei kleine Sonnen in meinem Kopf alles erhellen und in sich aufsaugen. Die Welt scheint bunter geworden zu sein und die Abstufungen der einzelnen Farbtöne treten deutlicher hervor. Ich bewege mich durch die Menge nach rechts und vorne. Mein Ziel sind die miko. Diese Altarmädchen stehen in meist roten Kimonos hinter einem Verkaufsstand und verkaufen O- Mamoris. Dieses Wort bedeutet Schutzzeichen oder Talisman. An Leibern vorbei bewege ich mich mit dem Strom der Menschen. Eine von den Altarmädchen steht nun vor mir; ganz in rot gekleidet. Sie reicht mir bis zu den Schultern. Süßes Ding. Ihr schwarzes Haar ist zu einem Zopf geformt, welcher über ihren oberen Rücken streicht. Die miko verbeugt sich leicht und ihre schwarzen Pupillen fixieren mich dabei ununterbrochen. Ich glaube, einen roten Punkt im schwarzen Meer zu erkennen. 150 Yen zahle ich für einen kleinen Talisman aus rotem Papier. In ihm befinden sich Papierstreifen mit schützenden Schriftzeichen, den so genannten O- Fuda. Ein Jahr sind diese gültig und verlieren dann oder an Neujahr ihre Wirkung. Jetzt nähere ich mich der Haiden. An dieser Kulthalle tätige ich eine kleine Geldspende und ziehe dann an einem langen Seil, das an einer Glocke befestigt ist. Zweimal klatsche ich in die Hände und bitte den kami um Beistand im Krieg gegen die unzähligen Facetten meines niederen Ichs.

„Erhöre mich, Rotgewandete!

Schärfe meinen Geist, auf dass er nieder Triebe halbiere!

Beschwere meine Worte, auf dass sie Waagen brechen!

Färbe meine Aura rot, auf dass Feindesherzen einen spirituellen Sonnenaufgang erleben!

Rüste meinen Rücken mit Schutzrunen, auf dass ich nur noch nach vorne schauen muss!"

Das Gebet ist beendet und deshalb klatsche ich noch mal in die Hände. Ich ziehe den ersten der 13 roten Origamifüchse aus einer Öffnung der Trainingsjacke. Auf der Rückseite steht das erste der 13 heiligen Haikus.

Dein Erscheinen war

Befehl zum Leiden mit Herz.

Ich nickte weinend.

In einer Einfriedung gehe ich zum steinernen viereckigen Brunnen. Auf dem etwa ein Meter hohen Brunnen liegen auf steinernen Verbindungsstreben drei etwa ein Meter lange Bambusschöpfer. Ich schöpfe mit einem etwas Wasser, benetze meine Hände und spüle den Mund aus. Gleichzeitig mit der Reinigung scheint etwas das Verlorene ersetzen zu wollen. Bilder stürmen meinen Geist. Eine Träne sucht seine Brüder. Und die Sonne taucht ein in die Träne, welche salz spendend die Haut hinabrinnt. Eine sanfte Lawine gleich reißt sie von Lichtspeeren durchbohrt alle Sorgen mit und der Seelenstaub wird gesammelt und in einem immer größer werdenden Tränenball zur Klippe des Kinns geschoben. Die ausgesäten Sonnenstrahlensamen, welche in einem Salzsee gefüllt sind, erfüllen ihre Bestimmung und streben im freien Fall auf das wartende gierige Grün zu. Der grüne Teppich hungert nach den Lebensbomben und die Explosionen, welche die Farbe in die Welt bringt. Ein zweiter Origamifuchs wird in das heilige Wasser getaucht und auf den Brunnen gestellt.

Das Wasser reinigt.

Die Seele wird frei von Schmutz.

Das Leben beschmutzt.

„ Gehe nun zum Scheideweg!"

Ich leiste dem Befehl Folge und stehe bald vor zwei nebeneinander stehenden torii. Entscheiden tue ich mich für den längeren Weg. Der dritte Origamifuchs wird an die rechte Säule des torii gestellt.

Der Gang in den Wald.

Rote Säulen träumen nie.

Mein Blut weiht sie rot.

Ich trete in den nach oben führenden Tor Gang. In kurzen Abständen sind die torii aufgestellt und schaffen so eine Art roten Pergola Weg den Berg hinauf. Hier verehrt man die Berge. Man erschauert in ihren Schatten ob ihrer Höhe und jeder Aufstieg ist eine religiöse Handlung. Rote Schuhe treten durch Lichtvorhänge und dann in schwach rötliche Schatten. In den Augenwinkeln rot, rot und noch einmal rot. Tunnelblick. Und die Erinnerung an die erste

Begegnung mit der Füchsin. Rotes Fell im satten Grün und rotgeschlitzte Augen über einem Arbeitshandschuh im Maul grinsen mich spöttisch an. Mit der Beute im Kreis gerannt und ich drehend hinterher; nur einen Meter entfernt den Derwisch machend. Für was war der Handschuh? Für deine Welpen? Zum Beißen? Es sind Erinnerungen, die durch die Tore wehen und von den hölzernen Säulen aufgesogen werden. Das Ende des Torweges ist erreicht. Meine Augen gleiten nach links. Neben dem Plattenweg steht erhöht ein Feuerahorn. Dem Gebot der Jahreszeit gehorchend bedeckt er mit seinem zinnoberroten Laub den Weg. Schwebend, das Blau des Himmels durchschneidend, gondelt ein rotes Ahornblatt durch die Luftkanäle, welche über jede Baumkrone entlangführen. Thronen tun sie über alle Kronen und zu jedem Lebewesen führen ihre Wege. Rotgelb- rot gelb, sich nicht entscheidend, welche Seite sich dem hellen Licht zuwenden soll, trudelt das chlorophyllverlassene Himmelsboot durch das Himmelsblau. Nicht dem Ende entgehen könnend, versucht es auf ewig im Blau verloren zu sein. Es trudelt rechts von mir zu Boden, doch die gelbrote Armada wartet in großer Zahl in braunen Häfen und jeder Windstoß kappt freudig die letzten Anker, welche die Blätterboote im Hafen der Wasserverbindungsketten halten. Diese letzte Reise der einst sonnenfressenden Zellgebilde wird mit einem Kuss des Windes eingeleitet.

Der Wind küsst Kronen.

Das Gold wird mitgenommen.

Ich atme tief ein.

Ein Puzzle, gewebt aus Blättern, versucht sich zu schließen.

„ Höre zu! Legionen marschieren in Zweierreihen voran. Ihre Füße sind nackt und blutend wird ein roter Teppich ausgetreten. Im Gleichschritt wird von der Wüste Besitz genommen. Jeder vergossene Tropfen ist ein Sieg im Krieg. Herzen pumpen weiter und leeren den Brunnen. Wo vorher nichts war, ist nun ein roter Weg. Legionen verbluten im fremden Land. Ihre Füße sind blutleere Klumpen und der Teppich zu Ende gewebt. Die Melodie des Gleichschrittes ist verklungen und die Zweierreihe gespalten. Das geronnene Meer der Tropfen ist ein rotes Denkmal. Gefällte Körper flankieren den langen Weg. Die Stille währt nur kurz. Einige wenige folgen nun dem Weg. Ihre Füße sind aber nun Augen. Das Echo verklungener Schritte hallt in ihren Herzen. Gedenkend zücken sie ihre Federn. Blut empfangend werden Runen in den Weg geritzt. Der ewige Krieg hat mehrere Ebenen."

„ Was willst du mir damit sagen? Ich will es verstehen. Erkläre es mir bitte!"

„ Das, was du glaubst zu sein, redet von „ich" und "es". Wenn du mir diese beiden Worte erklärst, erfährst du die Antwort auf deine Frage" Und wieder begleitet ein Schweif aus leiser werdendem Lachen diese Antwort.

Ich lächle in mich hinein. Losgelöst komme ich mir vor. Wie ein Puzzleteil schwebe ich den Berg empor und warte auf den Ort, an dem ich gesetzt werde. Teile des großen Bildes ergießen sich in mich und ich schmunzele über jeden neuen Aspekt. Türen hinter Türen warten auf mich und ich bin bereit. Ich platziere den vierten Origamifuchs rechts am Wegesrand.

Blut bebt in der Nacht;

Shaitanwellen umgebracht;

vom Fuchs angelacht.

Ich gehe weiter den Berg hinauf und die Zeit scheint still zu stehen. Der Wind rauscht in Intervallen durch die lichter werdenden Baumkronen. Die bunten Prunkgewänder der Sonnenfresser werden durchlöchert und mit dem Eroberten kleidet der Wind sich selbst. Windböen formen aus sich verfärbenden Laub tausende Kronen und ein Lachen schallt durch nackter in den Himmel ragende Äste. Was vorher Barriere war, ist nun nicht mehr. Eine neue Zeit hat einen neuen Herrscher. Der fünfte Origamifuchs wird in die Luft geworfen und wie ein Spielzeug in Spiralen nach oben getragen, um dann zwischen Löchern in den Baumkronen tiefer in den Wald hinein. Mit ihm das fünfte Haiku.

Das Lachen im Wind

durchbricht die grünen Mauern.

Der Herbst krönt sich selbst.

Der Berg ruft weiterhin. Leicht sind meine Schritte und die Bäume singen mir huldigend ihre Lieder. Meine Ohren sind der Chorstuhl und die Melodien stärken die Knochen. Wie das Schnurren einer Katze verdichtet das Blätterrauschen mein Skelett und rüstet es für den Kampf mit den niederen Aspekten des Egos. Über allem hängt das Auf und Ab des Blätterrauschens. Sich trennend und ineinander gehend. Um die Wanderer wandernd dringen die Geräuschwellen zu mir hin. Sie bestürmen mal sanft mein Ohr und dann wieder kaum.

Ich folge Zeichen.

Bin ein leeres Blatt im Wind.

Gott pustet hierher.

Der Wind tanzt über mir durch die an Farbe verlierenden Kronen der Bäume. Das Wiegen der Äste scheint wie das Trauern um den Verlust ihrer Herrscherzeichen zu sein. Ich bleibe stehen und sehe nach oben. Das Ineinander und Übereinander der Blätter formt mit dem Blau des Himmels und den dahinziehenden Wolken, Umrisse und Formen. Mein weicher Blick sucht nach Sinn im ewig neuen Blätterpuzzle und findet:

<u>Die Tänzerin</u>

Ihr Lächeln ist mein Schatten.

Das Bewegen ihrer Hüfte

lässt Stumme lachen.

Wir Erben der Lust sind Sucher

unserer zwischen Schenkeln begrabenen Ehre.

Meine Augen hungern.

Ihr Anblick ist das Frühstück in der Ewigkeit.

Ihr Tanz ist der Thronsaal der Sonne.

Geadelte Blicke

suchen die Stufen zu ihrer Seele.

Ihre innere Blüte

ist ein schwarzer Kuss.

Meine Augen sind Eroberer,

die niemals zufrieden sind.

Zwei warme Berge

werden mit Blicken bestiegen.

Und jeder erfolgreiche Aufstieg

ist der Anfang des nächsten.

In der Schenke der Scham

trinken meine Augen ewig.

Zum Entblättern geboren,

das ist die Tänzerin.

Den Berg hoch gibt es Unterbrechungsstellen, welche Teiche, Tempel oder Teehäuser sind und zum Ausruhen und Beten einladen. Auf solch einen Platz steuere ich einen Torweg folgend zu. Meine Füße verbinden Gehwegplatte mit Gehwegplatte und die Meter werden gefressen. Das weiche Papier eines roten Origamifuchses berührt harten Stein.

Der steinige Weg

bietet Platz zum Verbluten.

Denn lang ist er.

Der steinige Weg ist der einzige, welcher zum Ziel führt. Manchmal ist er mit weichem Laub gepolstert, aber meist ist er hart, hart und hart. Das Lachen des Windes ist der ständige Begleiter. Der Regen klatscht manchmal Beifall, während seine Kinder sich unter ihm zu Pfützen versammelt haben und auf sohlenbewehrte Opfer warten. Die Strahlen der Sonne durchstoßen mit Liebe ihre Opfer. Alle zwanzig Meter ist oben rechts eine Lampe befestigt, welche die eher orangefarbenen Torbögen beleuchten. Eine leichte Biegung führt nach links und dann weicht der Tunnelblick von orange einer Helligkeit und einem Stand im Pagodenstil. Ein Mann in Grau hält einen Schirm. Es schneit und der Schnee ist feucht. Die Gehwegplatten hier vor dem Ende des Torweges sind klamm und schneelos. Links ist eine steile Böschung, die durch eine Zyklopenmauer abgestützt wird. Pagodenhäuser und weitere orangene Balken befinden sich im Hintergrund. Rechts bedeckt eine dünne Schneedecke die Platten.

Schneeflocken sind die Diamanten, welche das Volk schmücken. Der samtweiche Wind entrollt einen Teppich der Moleküle, auf der kristallin das Gottesgeschenk daher schwebt. Die durchsichtigen überirdischen Spitzen berühren farbige irdische Haut. Der ewige Kuss, der die Welt zusammenhält, ist der Faden, auf dem die Kristalle aneinandergereiht sind. Eine Kette, die nicht nur Menschen schmückt, ist sie und eine Saite, mit der nur die Strahlenden spielen können. Die Sonnenstrahlen kommen todbringend liebend näher und wissen, dass ihr erster Kuss für die Schneeflocken auch ihr letzter ist. Sie zögern vor Freude und gehen den Wellenschritt, der sie zurückführt. Quantenschritt. Quantenschrift. Quantenschiff. Ihr Zögern ist vorwärtsstürmend und der Schatten entsteht vor der Sonne. Der Dolch des eisigen

Kristalles erwartet hungrig das heiße Herz. Lumpen und Prachtgewänder; hungrige Augen und satte Bäuche werden weiß geschmückt.

Überall zwischen den Pagodenhütten sind weiße Zeltbahnen gespannt. Ich bin gespannt, was das bedeutet. Einige Schritte nach vorne gehe ich und sehe rechts von mir eine Frau unter einem weiteren torii verschwinden und einem anderen Torweg folgen. Flankiert wird dieser Wegeingang von zwei Kitsunestatuen auf Pyramidenstümpfen. Mit einigen Schritten bin ich bei der rechten Statue und lege auf dieser den siebten Origamifuchs nieder.

Es ist weißer Schnee.

Die Brust der Hohen getarnt,

um Blut zu ernten.

Zurück unter die Zeltplanen sehe ich mehrere Tische in Reihe stehen. Dinge befinden sich darauf und vieles von dem, was ich sehe, kenne ich nicht. Ich laufe die Tischreihe entlang und erblicke links von mir eine Holzwand mit hunderten von dreieckigen Zetteln, welche an sie geheftet sind. Inari soll ihr Auge auf diese richten. Davor ist eine hüfthohe orangene Zaunbegrenzung. Dahinter schützt eine gleich hohe Mauer mit darauf montiertem Holzzaun den Kami, der in diesem Schrein zu sehen ist. Es schneit. Zedern ragen in die Höhe.

„ Wie entsteht ein Gottesbild, Novize?"

„ Geist wird zu Materie."

„ Und dann?"

„ Die Materie spaltet sich, nimmt andere Formen an und diese pflanzen sich fort. Vielfalt schafft Spannungen, aus denen Gottesbilder geboren werden."

„ Als was?"

„ Ideen, Vorstellungen, Wörter, Gedanken, Bilder und Dinge sind Formen, welche Gott benutzt, um Sich selbst zu erkennen. Für die Gläubigen sind all diese Dinge Zugang zu der Geistquelle."

„ Welche die Gottesbilder speist?"

„ Ja. Durch den Glauben der Gläubigen gewinnen Gottesbilder an Macht und Leben. Ständiges Glauben und Werbung ist für diese Bilder das Atmen. Krieg der Bilder ist der Kampf um Ressourcen. Pakte mit ihresgleichen dienen der Vernichtung anderer."

„ Was bin ich dann?"

„ Eine Energie spendende Form, auf die Gebete gerichtet werden, um Zugang zur Energiequelle zu erhalten. Du bist mir ähnlich und ich sehe dich. Ich kenne dich. Ein Eisbär wäre mir nicht so nützlich. Vielleicht sogar schädlich. Ich hätte aber auch einen Baum oder eine Wolke nehmen und mit ihr arbeiten können."

„ Du hast das Wesen aller Meme/ Gottesbilder erkannt. Aus ihrer Form ergeben sich ihre Funktion und ihr Handeln. Ihr aller Bestreben jedoch ist die Dauer. Und unsere gemeinsame Schwäche ist das, was dir auf der Bergspitze zuteilwird."

Ich ahne, was mich dort erwartet.

Die Ahnung im Geist

ist die Geburt der Gewalt

über Gottbilder.

„ Deine Füße wurzeln in der Erde. Sie sind schwer und versuchen in das Erdreich zu greifen. Die Zehen krümmen sich nach innen und erspüren den Energiefaden, der den heiligen Berg durchzieht. Die Sohlen verbinden sich mit der Oberfläche und die Energieosmose findet statt. Die Ruhe und Kraft des Aufgeschichteten richtet deinen Rücken weiter auf. Die gelappten roten und ein wenig an eine Krone erinnernden Blätter des Amberbaumes bedecken deinen Körper und deinen Kopf. Kein gekröntes Wesen hat jemals mehr Königtum besessen. Lichter vom einen Licht kommen aus dem Himmel regelmäßig zu Besuch an heilige Orte und Schreine auf die Erde hinab. Dieser Berg ist eines meiner reiche und hier bin ich überall. Meine Autorität ist so groß, dass die Wolken dem von mir regierten Reich ausweichen müssen. Am meisten gefürchtet bin ich, der Fuchsgeist, denn durch Fingernägel dringe ich in Körper ein, um Krankheiten, Besessenheit und Tod meinen Feinden zu bringen. Geliebt werde ich, der ich Fruchtbarkeit, reiche Ernte und dir Kraft in deinen Fingern bringe. Aus Fingernägeln leite ich die ewige Energie in die leere Feder. Tausende Schwerter und Engel soll sie niederringen und tausend Reiche sollen fallen! Der Himmel soll in rot baden und dieser Sonnenaufgang ewig dauern! Das Reinigungsritual soll mit einem Tropfen Blut veredelt werden! Wo kein Blut ist, ist keine Sünde? Dann veredle Weihwasser mit dem süßen Gift, das andere zum Stürzen bringt! Der Himmel ist nicht genug!"

Der neunte Origamifuchs sinkt in das feuerrote Laub nieder.

Brennend gefallen

und mit blutenden Fingern

empfangen: der Fuchs.

Bilder und Gedanken wehen mir von den Bäumen zu und landen in meinem Geist.

Der Stamm teilt seine Äste wie im Gebet und die Zweige spreizen sich wie die Hände eines Sünders. Das Grün der Bäume ist das Blut, das weg gewaschen werden soll von der Lüge der Jahreszeiten. Von den Zeigefingerspitzen bis zum Stamm ist jeder Baum ein Gebet. Und wie alle Hände, die vom Himmel das ewige Leben erbeten, werden auch diese hölzernen brechen. Die Sonne blendet und blind folgen wir der Wärme. Das Wissen, das den Glauben beerbt und beherrscht, ist die Kronenspitze, die den Himmel an seiner höchsten Stelle durchstößt. Das Holz, das den heiligen Ofen nährt und das eine Metall zum Glühen bringt, wird nur in diesen Wäldern gebrochen. Genährt von den Tränen der Wissenden sind diese heiligen Bäume. Tiere kommen von weit her, um sich an ihnen wund zu reiben. Die heilige Farbe soll zum Vorschein kommen und den Engeln bezeugen, unter welcher Fahne die siegreichen Heere marschieren.

Rot ist die heilige Farbe, denn wo keine Sünde, da ist kein Leben. Und in diese Farbe gehüllt, erscheinen nur die Unschuldigsten mit Schwertern in den Händen. Ihr Lächeln ist mordend. Ihre Opfer erblühen in Ewigkeit. Der Kreislauf des Paradoxen ist ein Tanz. Dieser bezeugt Reichtum und Armut gegenüber Gott. Ihre Tränen sind Feuchtigkeit aufsaugend. Und ein Wort vermag es festzuhalten; kein Satz kann die Grenzen sichern; kein Roman die Horden der

Schönheit fern halten, welche von allen Seiten drohen einzufallen. Die Macht ist in unseren Augen, das Zepter unser Blick und unser Urteil ist das Lächeln.

In diesen dunklen Wäldern hockt ein Bettler im Schlamm. In den Almosen erbittenden zusammengefalteten Händen ruht ein braungrauer See. Tränen sind der Wasserfall, der ihn speist und Augen Sonnen, die ihn erhellen. Könige werfen sich im Kreis in den Schlamm, weil sie wissen, dass ihre Reiche an dieses nicht heranreichen. Nur hier erblüht im tiefsten Schatten die Blume, namengekrönt Ipomea violacea; Göttliche Prunkwinde, nach der die Sonne jeden Tag sucht. Aus der Verschmelzung beider entsteht der Same, der wahre Helden gebärt. Der Suchende muss blind sein vom Wissen! Der Finder muss satt sein von Bildung! Die Gewissheit soll alles wegspülen! Und der Same der Blume soll ein zweischneidiges Schwert sein, das Horizont heißt. Blaugrau sind die Schwestern der scharfen Klinge und sie hassen sich mit all der Liebe, welche die Erdschale enthält. Die Sonne kniet hier nieder und webt demütig einen goldenen Teppich. Nur Purpur, das einst lebte, darf diesen Teppich betreten. Und das Wortende dieses Textpfades wird nur von Halbträumenden, die leben, verstanden.

Der Bergpfad führt an einem kleinen Bach entlang, der links von mir fließt. Ich sehe in das Fließende und tauche in das Graublaue ein und erinnere mich:

Immer, wenn ich ihr schreibe,

komme ich nach Floskeln

in den Poetenmodus.

Dann schreibe ich eine Scheiße, wie:

Ein Engel

aus dem Himmel deiner Augen,

hat sich in den meinen verirrt.

Nun sitzt er auf meiner rechten Schulter.

Heimweggebeugt sind seine Flügel

und er jammert immer, wenn er graublaue Augen sieht.

Er führt meine Schreibhand

und bastelt Wortgeschmiede.

Ich muss es ausbaden.

Ich muss es raus lassen.

Und kriege zu hören:

„Ich verstehe dich nicht."

Gespeist von der Quelle wird das Schlangen gleiche dahin fließende Wasser zusätzlich von Rohren, welche im Boden eingebettet sind und von oben den Wasserlauf verstärken. Kieshalbinseln ragen in den Bach und gebären Wasserwirbel und Strömungen, welche die Biegungen noch betonen. Steine werden rund geschliffen und bieten so immer weniger

Widerstand. Mitgerissen wird das Eckige, Kantige und das Raubende veredelt sich damit. Die Beute wird den Berg plätschernd weitergereicht und die Kunde darum verteilt sich im Allwasser. Das raubende Wasser selbst landet später im Mund eines Durstenden. Und jeder Schritt den gewundenen Weg hinauf wird mit den Beinen gebetet. Heiliger Schmerz bekundet Intensität des Glaubens. Das Brennen bezeugt Leben. Die Baumseelen an meinen Seiten beugen ihre kahler werdenden Häupter und bieten mir ihren Respekt dar. Ich nähere mich den Wolken, so wie es sein soll. Meine Augen schließen sich und der Weg wird mit Intuition genommen. Das Flackern der Lichtschwerter zerschneidet die Dunkelheit, die vor meinen geschlossenen Augen gesunken ist. Der vorletzte des Fuchsrudels aus Papier segelt auf den Weg.

In der Schwärze nur

ziehe das Lichtschwert mit Geist

und gehe den Gang.

Zeit vergessend wandelnd im auslaufenden Grün ändert sich bald der Grund, auf dem die Füße gehen. Es gibt einen Krieg, der still im Kopf eines Menschen tobt. Tränen künden vom Verlauf der Schlacht und ein Lächeln bezeugt die tobende Ewigkeit. Der Chronist ist die zitternde Hand und tanzende Leser fallen in Herrlichkeit.

Augen öffnen sich und eine Treppe wird erstiegen. Stein, Stein und Stein umgibt mich. Kleine Schalen und winzige bis größere Fuchsfiguren stehen steinern über -und nebeneinander. Mein Weg führt mich nach rechts zu einer Art Kolosseum aus Stein. Die nur leicht erhöhten Stufen sind über und über mit steinernen Füchsen belegt. Mir stockt fast der Atem. Es müssen hunderte Schienbein große Kitsunefiguren sein und alle haben diesen roten Latz um den Hals gebunden. Einzelne Säulen tragen auch Füchse, welche über den anderen thronen. Links von mir auf einem schmalen Durchgang durch die Füchse stehen vier Japanerinnen in dunkler Kleidung und beugen sich vor den Statuen vor ihnen nieder. Ich nicke und gehe weiter. Auf einer Bank sitzen zwei ältere Japanerinnen. Ein Geländer ist vor mir und dahinter ein grüner See. Ich sehe hinunter und erkenne in der Tiefe der flüssigen Kühle die versteckte Wahrheit. Sie schlägt sanft zu und ihre Wunden sind die roten Fetzen, die um steinerne Hälse gebunden sind.

Die Menschen legen diese Wege an und stellen Fuchsstatuen auf. All diese Statuen sind steinerne Krücken, die sie auf den Weg zur Ewigkeit brauchen. Jeder Spiegel; jede Pfütze, sowie jede Träne zeigt die Schwäche der Sterblichkeit. Jedes Auge ist eine Sichel, die das Feld der Wünsche erntet. Fallen tun sie Reihe um Reihe und begierig entblößen sie ihre Kehlen. In jedem Blick werfen sich die Leidenschaften nieder und das Oben wird zu Unten. Der Schlamm, in den wir fallen, ist der Himmel. Tränen ölen die Sicheln, welche als einzige in der Lage sind, niedere Leidenschaften zu beschneiden. Die niederen Leidenschaften meiden diesen See und jede, die in diesen getaucht wird, erhöht den Leidenden. Wenn die Nacht die Herrschaft über den Himmel erringt, nehme ich die Blume an mich. Und dieses Gewächs ernährt sich von zu Boden gerungenen Leidenschaften. Sterne tanzen über mir und bilden das Sternzeichen Krone, das nur hier; nur für mich und nur für einen Augenblick existiert. Einen Herzschlag lang existiert das Universum nur für mich. Eine schwarze Falte zwischen den Sternen entsteht. Die Falten des Universums sind die Schützengräben der Poeten. Mit Federn bewaffnet springen sie auf die Felder, um dem Vergessen gegenüberzutreten. Legion sind ihre Gefallenen, doch unter vielen Haufen der Feder

führenden findet sich auch Ewiggoldener. Genau dort wächst ein Baum, der goldene Früchte trägt und den Sterblichen ermöglicht, vom Ewigen zu kosten. Was passiert, wenn man von der Ewigkeit kostet?

Eine Schale wird mit Sake gefüllt. Reis wird um diese Schale gestreut. Der letzte der Origamifüchse wird hier hingestellt.

Gebete trinkend

und auf den Einen wartend

siegt das Rot immer.

Die heilige Zahl 13 wurde geopfert und der Weg zur Bergspitze geht ihrem Ende entgegen. Es dauert nicht mehr lange und die Grenze wird überschritten. Ich sehe zu der Stadt unter mir und der Fuchs spricht zu mir.

„ Siehst du die Wolken unter dir? Auf ihnen thronen Engel und sie sind dir untertan. Ihnen wurde untersagt, nach oben zu blicken. Von dort kommen nur Befehle, denen sie zu gehorchen haben. Nun an, Bergbesteiger, flüstere und Heerscharen von Geflügelten werden sich auf deinen Befehl hin schreiend in den Abgrund stürzen!"

Ich nicke und gehe die letzten Meter. Ganz oben auf der Bergspitze befindet sich das Heiligtum; ein Spiegel. Wer dann noch nicht verstanden hat, ist selbst im Himmel verloren.

Fertig. Der Inari- Text ist im Roman noch untergebracht worden Elhamdulillah. Doch ich habe noch vor, das Geschriebene in etwas Positives umzuwandeln und in die Materie bringen zu lassen. Einen kleinen Handspiegel platziere ich so vor mir, dass ich mich darin sehe. Anschließende nehme ich einen kleinen Bogen, den ich aus einem gebogenen Nagel geformt habe und ein Streichholz als Pfeil. Mit der Absicht, dass alles, was im Schussfeld ist, von Menschen als im Paradies befindlich inshAllah angesehen wird, schieße ich den kleinen Pfeil über den Handspiegel ab. Ya Haqq. Elhamdulillah. Damit wird Allah inshAllah jeden, der mich sieht das Paradies sehen lassen. Zeit für mich, mich bei meinem Schöpfer zu bedanken. Ich denke, dass 33mal angemessen sind.

Elhamdulillah. Elhamdulillah.

Und wenn dieser Text irgendwann einmal Buch werden sollte, so möge Allah den werten Leser dafür belohnen und ihm den Segen dieser 33 la ilahe illa llah geben. Möge Allah für jeden Leser dieses Textes 33 Engel erschaffen, die ihm Licht, Liebe und Frieden bis in alle Ewigkeit geben; zu Ehren des Propheten Mohammed, Friede auf ihm, Großscheich Nazim, Friede auf ihm, Scheich Mehmet Adil Efendi und meines Scheichs. Fatiha.

La ilahe illa llah. La ilahe illa llah. La ilahe illa llah. La ilahe illa llah. La ilahe illa llah. La ilahe illa llah. La ilahe illa llah. La ilahe illa llah. La ilahe illa llah. La ilahe illa llah. La ilahe illa llah. La ilahe illa llah La ilahe illa llah. La ilahe illa llah. La ilahe illa llah. La ilahe illa llah. La ilahe illa llah. La ilahe illa llah. La ilahe illa llah. La ilahe illa llah. La ilahe illa llah. La ilahe illa llah. La ilahe illa llah. La ilahe illa llah. La ilahe illa llah. La ilahe illa llah. La ilahe illa llah. La ilahe illa llah. La ilahe illa llah. La

ilahe illa llah. La ilahe illa llah. La ilahe illa llah. La ilahe illa llah. La ilahe illa llah. La ilahe illa llah. La ilahe illa llah.

15 Uhr 51. Feierabend. Keine Ahnung, weshalb ich das hier schreibe. Ich habe gerade etwas im Schatten einer Birke gelesen. Entspannung. Entschleunigung.

Freitag, der 12.6.2015

8 Uhr 50. Ich habe heute Morgen wieder den Fuchs gesehen. Das heißt, dass es ein schöner Tag für mich wird. Ich fühle mich nicht in der Mitte. InshAllah. Ya Quabid. Ya Quabid. Ya Quabid. In der Zeitung steht, dass in Großziethen ein Kornkreis aufgetaucht ist. Ich will ihn sehen. Heute geht es nicht und morgen hat meine Mutter Geburtstag. Morgen früh könnte ich dorthin fahren. So nah für mich ist noch nie ein Kornkreis entstanden. Ich möchte mich gerne inshAllah in diesem Kornkreis drehen. Da ich nicht weiß, ob ich es morgen dorthin schaffe; dieser Wunsch jedoch in mir sehr stark ist, werde ich mich jetzt hier auf der Arbeit etwas drehen und Allah darum bitten, dass Er das Drehen so annimmt, als wenn ich mich in der Mitte dieses Kornkreises gedreht hätte. Ein la ilahe illa llah spreche ich auch noch aus, mit der Bitte, dass Allah dafür einen Engel erschafft, welcher allen, die den Kornkreis in Großziethen betreten, das Bild eines drehenden Derwisches in das Herz geben, sowie bis in alle Ewigkeit den Segen von Ya Wadud. Fatiha.

Etwas später. Gekritzel in mein Notizbuch. Ein Kreis wird zur Spirale und diese Spirale vergrößert ihren Durchmesser, während sie sie sich nach oben windet. Schlangengleich. Tornado ähnlich. Meine Augen sehen auf das Blatt Papier hinab.

<u>Buchstabenkreislauf</u>

Bismillah ir rahman ir rahim. Geehrter Andreas Ahmed Efendi, halte an dem fest, was du von Allah erbeten hast und auch erhalten hast! Bewahre das Anvertrauen in Ehren! Beschütze dein Wort, damit dieses dich beschützt! Bedenke, dass am Anfang das Wort war! Drehe dich weiterhin als Derwisch! Habe Geduld, denn am Ende wird alles gut. Am Anfang war das Wort und am Ende wird das wortlose Staunen voller Liebe sein. Stehe zu deinem Wort und drehe dich zu dem Festhalten des gegebenen Wortes! Lasse Liebe in dein Herz kommen und gib es im Namen des Herrn weiter! Sei Nichts, damit du mit Alles gefüllt werden kannst! Verhalte dich wie ein reines weißes Blatt und lass nur die Tinte der Liebe an dich heran! Stelle dich als Null hinter den Einen und fließe als perfekter Buchstabenkreislauf im elektrischen Fluss zu und werde Liebe in Zeiten der Choleriker!

Mit freundlichen Grüßen

sDG

Roter Derwisch

Samstag, der 13.6.2015

Wohnung etwas gesäubert.

Montag, der 15.6.2015

8 Uhr 12. Ein seltsames Wochenende liegt hinter mir. Samstag hatte meine Mutter Geburtstag. Gestern hatte ich einen Sema- Auftritt statt Bogenschießen und davor hatte ich noch kurz mit einem Bruder geredet, der für die Monarchie zuständig ist und ein Interview mit einem Stadtmagazin machte. Ich hoffte ehrlich gesagt, mit dem Monarchiebruder zum

entstehendem Stadtschloss zu gehen, doch zeitlich war das zu knapp. Also war es eine kurze Unterhaltung und dann schnell zurück zum Nauener Platz gefahren. Es war ein kleines Fest mit wenigen Deutschen. Ich wartete auf meine Leute. Als diese da waren, wurde alles geklärt und dann hieß es warten. Meine Zeit kam und der Auftritt. Ich drehte mich auf einem Teppich, welcher auf Großsteinpflaster gelegt worden war. Das ist der Untergrund, der mich am meisten anstrengt. Ich bin andauernd in ein Loch getreten und das wirkt schon auf die Drehbewegung, vor allem, wenn das Tempo schnell ist. Nach dem Auftritt und dem Umziehen habe ich mir ein Fes aufgesetzt, noch etwas auf dem Fest gegessen und dann zurück nach Hause. Das sind ja nur zwei Blöcke, weswegen ich den Fes auf meinem Kopf behielt. Auf dem Heimweg stand ein Türke vor einer Pizzeria und sprach mich auf einmal an.
„ Zu wem gehörst du?"

„ Scheich Nazim."

„ Und weiter?"

So entspann ein Gespräch mit einem Bruder, das dann fast eine Stunde dauerte und in für mich wichtigen aktuellen Fragen erhellend war. Ich kann das Treffen dieses Bruders noch nicht so richtig einordnen, doch inshAllah wird die Zeit zeigen, weshalb ich ihn treffen sollte. Ich habe das Gefühl, dass sehr viel mehr hinter dem Treffen mit diesem Bruder war. Jahrelang lebe ich schondort und bin bestimmt tausende von Male an der Pizzeria vorbeigegangen, ohne dass ich von einen dort angesprochen wurde.

Dienstag, der 16.6.2015

11 Uhr 34. Es kommt mir ein Bild in mein Herz. Ich hatte vor kurzem eine Daf(Trommel) in den Händen, während eine Schwester auf ihrer trommelte. Die Vibrationen übertrugen sich auf jene Daf, welche ich in der rechten Hand hielt. Die gespannte Haut vibrierte. Ist nicht die Haut eines Menschen auch nur über die Knochen und Gewebe gespannt?

Mittwoch, der 17.6.2015

Ich folge der Energie. Momentan geht es vermehrt Richtung Osmanisches Bogenschießen und Monarchie. Diese zwei Dinge sind für mich jetzt wichtig und in diese stecke ich meine Liebe. Der „Ozean der Weisheit" wird gemieden. Wenn die See rau ist, fährt man nicht auf das offene Meer.

Samstag, der 20. 6. 2015

18 Uhr 27. Ein wenig Kepazetraining mit meinem Bogen will ich machen und mich damit sportlich betätigen. Nebenbei säubere ich etwas die Wohnung. Möge Allah es so annehmen, dass damit meine Wohnung und der „ Ozean der Weisheit" von weniger guter Energie gereinigt wird. Fatiha.

Der Bogen steckt in einer Schutzhülle, welche mit seiner Schlaufe an die Janitscharenkopfbedeckung erinnert. Ich werde mich mal über diese etwas informieren.

21 Uhr 31. Kurz vor dem Fastenbrechen. Mir fällt etwas ein, das gestern in der Fabrik gesagt wurde. „Verschwende nicht deine Jugend!" Es wurde gesagt, dass der Prophet Mohammed, Friede sei auf ihm, gesagt haben soll, dass der Mensch mit zunehmendem Alter immer stärker an der Welt hängt, wenn er sich nicht früh spirituell trainiert.

<u>Janitscharen</u>

Die Janitscharen waren im Osmanischen Reich eine Elitetruppe. Sie waren die Leibwache des Sultans. Im 14. Jahrhundert wurden sie gegründet. Es waren meist Nichtmuslime, die von einem Derwisch- Orden, in welchem Hadschi Bektasch, Friede auf ihm, eine große Rolle spielt, erzogen wurden.

Hadschi Bektasch(Friede auf ihm)

Nach ihm ist der Bektaschi- Orden benannt. Als spiritueller Führer lebte er im 13. Jahrhundert in Anatolien und hatte zuerst meist Schüler aus turkmenischen Nomadenstämmen. Durch wandernde Derwische wurde seine Lehre verbreitet. Einige seiner Aussprüche sind:

1. Das Universum ist die sichtbare Gestalt Gottes.

2. Rituelle Gebete machen keinen Menschen besser.

3. Die Taten zählen, nicht die Worte.

4. Betet nicht mit den Knien, sondern mit dem Herzen.

5. Das wichtigste Buch zum Lesen ist der Mensch.

6. Glücklich ist, wer die Gedankenfinsternis erhellt.

7. Ermögliche den Frauen eine gute Bildung.

8. Es gibt kein Gegeneinander von Gott und Mensch, sondern ein Miteinander in tiefer Verbundenheit.

9. Rost glüht nicht von selbst, sondern durch das Feuer.

10. Der Verstand sitzt im Kopf, nicht in der Krone.

11. Was du suchst, findest Du in Dir selbst, nicht in Jerusalem, nicht in Mekka.

Sonntag, der 21.6.2015

8 Uhr 31. Auf der Facebook- Seite des Osmanischen Bogenschießvereins sehe ich, dass ein Video, in dem wir als Gruppe dreimal hintereinander schießen 578 Aufrufe hat. Elhamdulillah. Eine Sondereinheit des Osmanischen Reiches waren die Solaci, was „die Linkshänder" bedeutet. Diese waren stets an der rechten Seite des Sultans, weil sie aus der Rechtslage schossen. Es war kein Anstand, dem Sultan den Rücken zuzuwenden. Diese Art Anstand gilt auch heute noch in Dergahs. Die Diener, welche servieren und andere Tätigkeiten in einer Dergah ausführen, achten dabei immer darauf, dem Scheich nicht den Rücken zuzuwenden.

17 Uhr 20. Das Bogenschießtraining ist vorbei. Wenige Menschen waren da, aber viele Nachrichten. Eine war, dass ein kurzes Lehrvideo mit Faruk Hodscha gemacht wurde, dass nach Zypern soll. Damit sollen die Brüder dort angelernt werden. Elhamdulillah. Wir sollen ab jetzt auch dem Bogenschießtrainingsleiter ein Efendi oder Hodscha an dem Namen dranhängen. Das ist auch osmanisch. Es wurden auch neue Vereinsfahnen auf gehangen. Die machen sich visuell und spirituell ganz gut. Elhamdulillah.

Montag, der 22.6.2015

Iftar mit Glas heißem Wasser soll stark entgiftend sein.

Dienstag, der 23. 6.2015

9 Uhr 53. Einen Spruch auf Facebook lese ich gerade, der mir richtig gut gefällt. „ Zwei Dinge machen einen wahren Mann aus. Seine Geduld, wenn er nichts hat und sein Benehmen, wenn er alles hat."

Donnerstag, der 25. 6. 2015

13 Uhr. Ich sitze auf einer Friedhofsbank. Die Sonne scheint. Es ist ein blauer Himmel. Links von mir spielt ein Trompeter zwei Lieder. Eine Beerdigung findet dort also statt. Immer noch befinde ich mich im Urlaub, den ich zum Ramadan, wenn es geht, immer nehme. Auf dem Zehlendorfer Friedhof, wo ich jetzt schreibe, habe ich einen Gerechten unter den Völkern mein Salam gegeben. Es handelt sich um Otto Weidt, Friede auf ihm. Dieser ehrenwerte Mensch wurde 1883 in Rostock geboren und 1947 von Allah von dieser Welt genommen. Er war Besitzer einer Berliner Blindenwerkstatt. Während des Holocausts beschützte er seine jüdischen Mitarbeiter und rettete mehreren Juden das Leben. Die Blindenwerkstatt war eine Besen- und Bürstenbinderei und ein „ Wehrwichtiger Betrieb". Das konnte Otto Weidt benutzen, um die Leute, welche er liebte, zu schützen. Ich bat um Segen von Allah für den von uns gegangenen, für mich die richtige Sicht, für alle Osmanischen Bogenschützen und noch mehr. Dann sprach ich drei Ikhlas und eine Fatiha für Otto Weidt Efendi und goss etwas Zamzanwasser auf das Grab des Gerechten unter den Völkern. Am Ende des Besuches küsste ich noch dreimal die kleine Buchsbaumhecke vor dem Grab. Die Energie am Grab war stark, lichtvoll und ruhig. Jetzt, wo ich den Besuch schriftstellerisch verarbeite, kommt eine Sache in mein Herz. Wenn du niederen Egos anderer nützlich, kannst du gegen sie arbeiten. Da sie dich brauchen, gewährt dir diese Nützlichkeit Freiheit. Brauchen die niederen Egos der anderen nicht, bekämpfen sie dich gnadenlos und wollen dich nur noch von der Welt entfernen. Otto Weidt, Friede auf ihm, hat diesen Balanceakt geschafft. Möge Allah inshAllah allen Osmanischen Bogenschützen diese Stufe zu Ehren des Propheten Mohammed, Friede sei auf ihm, Großscheich Nazim, Friede auf ihm, Scheich Mehmet Adil Efendi und meinem Scheich geben. Fatiha.

Auf dem Rückweg vom Friedhof bin ich gerade. Durch eine Grünanlage laufe ich, sehe einen Tümpel, gehe zu diesem und gieße etwas Zamzanwasser in ihn mit der Absicht, dass Allah diesen Tümpel reinigt und den Segen dieser Reinigung auch der Gemeinschaft" Ozean der Weisheit" zukommen lässt. Fatiha.

16 Uhr 30. Eine Runde mit der Ringbahn bin ich gefahren. Elhamdulillah. Die Absicht war die, dass Allah inshAllah all jenen, welche innerhalb des S- Bahnringes leben, bis in alle Ewigkeit den Segen von Ya Haqq gibt und sie zu den Osmanischen Bogenschützenbringt. Ein la ilahe illa llah habe ich für diese Absicht gesprochen und während der Fahrt Ya Wadud- Zikir gemacht. Das menschliche Gehirn wiegt nur ungefähr zwei Prozent unseres Körpergewichts, verbraucht jedoch fast 20 Prozent des täglichen Energiebedarfes. Da Verschwendung im Islam Sünde ist, kann man also schon damit beginnen, nützliche und schöne Dinge zu denken. Ich dachte also die ganze S- Bahnfahrt daran, dass der Ring wie ein Kreis auf einer Bogenschießzielscheibe aussieht und das ist ein schöner Gedanke. Allein die Gedankenenergie gut zu nutzen, ist eine Stufe. Möge Allah sie inshAllah zu Ehren des Propheten Mohammed, Friede sei auf ihm, Großscheich Nazim, Friede auf ihm, Scheich Mehmet Adil Efendi und meinem Scheich allen Osmanischen Bogenschützen geben. Fatiha.

„ Alles auf einmal tun zu wollen, zerstört alles auf einmal."

Georg Christoph Lichtenberg

Kann man alle Pfeile aus einem Köcher mit einem Schuss abschießen? Zwei oder drei habe ich schon mit eigenen Augen abgeschossen gesehen. Vier oder fünf und noch mehr sind vielleicht möglich, doch wie viele davon treffen das Ziel? Dieser Spruch von Lichtenberg erinnert an die Konzentration. Weniger ist manchmal mehr. Von diesen wenigen ist das am wichtigsten, was der Scheich will.

„Erziehung bedeutet, eine Flamme zu entzünden, nicht ein Gefäß zu füllen."

Sokrates

Der Scheich hat mal gesagt, dass eine Kerze reicht, um tausende anzuzünden. Eine Kerze reicht auch aus, um einen dunklen Raum zu erhellen. Ein Osmanischer Bogenschütze ist solch eine Kerze und jedes Ya Haqq erhellt Herzen.

Freitag, der 26.6.2015

„Die beste Art, sich zu wehren, ist: nicht Gleiches mit Gleichem vergelten."

Marc Aurel

Vor zwei Tagen hatte ich mit zwei Schwestern und einem Bruder eine Veranstaltung in der Freien Universität. Es wurde über den Sufismus erzählt, einige Fragen beantwortet und der Derwisch drehte sich zu Ney und Daf. Wir waren uns alle nach der Veranstaltung einig, dass diese Veranstaltung mehr im Kopf statt im Herzen stattfand. Das war nur natürlich bei Studenten. Trotzdem war es schön und auf jeden Fall einzigartig für mich, denn bei solchen Anlässen ist das Drehen immer zäh und anders. Allah hu alim. Wer weiß, welche Türen mit dieser Veranstaltung geöffnet werden?

Donnerstag, der 2.7.2015

16 Uhr. Elhamdulillah. Das Fasten läuft gut. Ich lese gerade etwas Interessantes über einatomiges Gold. Es soll als weißes Pulver auftreten und man kann es oral einnehmen. Die Folgen sind angeblich, dass sich die Leistungsfähigkeit des Nervensystems um das Zehntausendfache erhöht. Bei genügender Einnahme einatomigen Goldes soll der Körper anfangen zu leuchten. Das ist ein Thema, zu dem ich noch etwas mehr recherchieren will. Die Ausstellung von 1000 drawings war, doch ich konnte nicht dahin. Wenigstens habe ich für diese Veranstaltung gebetet. Das Bogenschießen läuft gut. Nach einer Stimulierung der Disziplin durch den Hodscha wurde uns wieder bewusst, wie ehrenvoll diese Sache ist Mein Schwerpunkt im Leben ist momentan eher auf die Politik gerichtet. Wissen kommt zu mir und nicht angewendetes Wissen gereicht einem zum Nachteil. Das führt dazu, dass ich mich um Dinge kümmere, die vor zwei Wochen noch gar nicht auf meinem inneren Radar waren. Elhamdulillah. Man folgt der positiven Energie. Auf Facebook wird jetzt schon für das Ausstrahlen einer Sendung in der ARD mit Titel „Was Deutschland glaubt" geworben und das Werben um diese Sendung mache ich auch, denn das war der letzte Tag, an dem ich in der alten Dergah war. An dem Tag damals hatte sich etwas ereignet, das mich von da an davon abhielt, dorthin zu gehen. Ich bat Allah um Antwort, ob ich an diesem Tag mich von meinem Nafs her gedreht hatte und wenn ja, sollte Er mich bloß nicht im Beitrag zu sehen lassen. Mich sieht man jedoch schon im Trailer und das ist für mich Antwort genug. Mein Gefühl damals hat mich also nicht betrogen. Elhamdulillah. Allah hu akbar.

16 Uhr 37. Ich finde im Internet einen Lieferanten für einatomiges Gold in einer 30 ml Flasche für 60 Euro. Das ist ein Monatsvorrat. Ich überlege mir, ob ich das mal ausprobieren soll. Einatomiges Gold soll eine sehr starke Heilkraft besitzen und die Zellen so ausrichten, dass diese mehr Lichtenergie aufnehmen können. So, die Seite wurde gespeichert. Interessant. In Verbindung mit dem Sema und Bogenschießen könnte das einatomige Gold (einatomig, der Eine, Allah, la ilahe illa llah) neues inneres Wachstum bedeuten. InshAllah.

Sonntag, der 5.7.2015

Elhamdulillah.

Montag, der 6.7.2015

3 Uhr 22. Ich konnte nicht einschlafen und habe die Nacht durchgemacht. In einer knappen halben Stunde hätte mich sowieso der Wecker geweckt. Der Urlaub ist vorbei und jetzt heißt es wieder arbeiten. Elhamdulillah. Ich nutze also diese letzte halbe Stunde vor dem eigentlichen Aufwecken und beschreibe den gestrigen Tag. Das Bogenschießen war wegen der hohen Temperatur anstrengend. Ich habe erfahren, dass Bahaudin Efendi in zwei Wochen nach Berlin kommt und wir am Sonntag eine Vorführung mit ihm machen. Elhamdulillah. Der jüngste Sohn von Großscheich Nazim, Friede auf ihm, wird uns unsere Bögen in einer Zeremonie geben und eine 1 ½ lange Vorführung ist geplant. Elhamdulillah. Das wird wie ein Beschleuniger für das Bogenschießen wirken. Gestern kam in mein Herz, dass dann noch mehr Derwische das Bogenschießen praktizieren werden. Wenn es vierzig Gruppen des Osmanischen Bogenschießens in ganz Deutschland gibt, sehe ich meine Vision als realisiert an. InshAllah. Ich selbst habe alles in meiner Macht stehende getan, um das Osmanische Bogenschießen zu verbreiten. Jetzt heißt es abwarten und am Ball (oder besser Bogen) bleiben. In diesem Monat gibt es drei größere Veranstaltungen; zweimal das Sema und diese eine Veranstaltung des Osmanischen Bogenschießens. MashAllah.

Dienstag, der 7.7.2015

7 Uhr. Ein Rasensprenger verteilt Wasser im Uhrzeigersinn. Aus einer bestimmten Position ist ein Regenbogen sichtbar. Elhamdulillah. Erst mal sieht man nur das Grün der Sträucher und Bäume und wenn das Wasser und mit ihm der Regenbogen kommt, dann überlagert der Regenbogen sogar das Grün der Pflanzen. Elhamdulillah.

8 Uhr 18. Heute Morgen beim Späti auf dem Weg zur Arbeit sagte mir der Bruder dort, dass die Turkmenen in Syrien sich von der Freien Syrischen Armee losgesagt haben und ihre eigene Strategie verfolgen, die eher dem Schutz der als Ziel hat. Mich wundert diese Wendung nicht, da es sowieso zur Gründung des Neuen Osmanischen Reiches kommen wird. Es ist wie überall. Hat man Wissen über die Zukunft, so setzt man auf das richtige Pferd und gewinnt. Hat man dieses Wissen und handelt nicht danach, so wird dieses Wissen gegen einen Gewendet. Dann ärgert man sich nachher, weil man trotz des Wissens nicht dementsprechend gehandelt hat. Wenn der Großscheich gesagt hat, das osmanische Reich wird wiederauferstehen, so ist die Hingabe für eine andere politische Richtung Energieverschwendung. Ich habe dann ein la ilahe illa llah gesprochen mit der Bitte, dass Allah inshAllah einen Engel erschafft, der alle Turkmenen in Syrien die Liebe für das Osmanische Reich in das Herz gibt und spreche jetzt eine Fatiha für diese Menschen aus. Fatiha.

10 Uhr 18. Ich habe über etwas nachgedacht, was Scheich Mehmet Adil Efendi gemacht hat. Wie ich gehört habe, soll er drei Dergahs in der Türkei geschlossen haben. Diese machen jedoch weiter mit ihrer Arbeit. Diese Nachricht arbeitete in mir und das Wissen, dass aus dieser Sache in mein Herz kam, ist folgendes: Der Scheich ist weiter, als der Schüler. Der Scheich will für den Schüler nur das Beste. Wenn der Schüler nicht auf den Scheich hört, leiden der Schüler und alle, die diesem folgen.

15 Uhr 2.

22 Uhr. Durch die offenen Fenster höre ich einen Streit auf Türkisch in irgendeiner Wohnung. Am Montag hörte ich im Späti, dass im Laden zwei Leute sich prügelten, einer von beiden eine Flasche auf den Kopf gekriegt hatte, zu Boden ging und dort noch getreten wurde. Den Flaschenschwinger kenne ich. In den Streit ging es um nichts. Mir wird durch diese Vorgänge etwas bewusst, was mein Scheich vor kurzem gesagt haben soll, nämlich, dass jetzt die Zeit ist, wo Menschen verrückt werden. Deshalb sollen wir Extrazikir machen. 10-mal Ayat al-Kursi(Thron Vers). Das werde ich jetzt noch schnell machen. Wenigstens einmal werde ich den Rat befolgen. Was die folgenden Tage daraus wird, weiß nur Allah.

22 Uhr 49. In einem Internetforum habe ich heute jemanden getroffen, der mir empfahl, das Buch eines Philosophen über den Islam zu lesen. Ich schrieb zurück, dass ich heute ein Graffiti gelesen habe, das lautete:" Wer`s nich lebt, kann`s nich verstehn" und ich keinen Philosophen lese, der über eine lebendige Religion nur nachdenkt. Mal sehen, wie der Bruder darauf reagiert. Wenn er, was mein Herz sagt, einer ist, der nur Recht haben will, so wird meine Erwiderung sein, dass ich Nichts bin und jemanden für mich sprechen lasse, der etwas ist, nämlich Mullah Nasrudin, Friede auf ihm. Dann schreibe ich dem Bruder folgende Geschichte von Nasrudin.

Zeit

Nasrudin geriet in einen Disput mit einem Manne, der über alles viel besser Bescheid wusste, als er. Und es schien, als könne er auch alle anderen Fähigkeiten des Mullahs ausstechen. Schließlich sagte der Rivale: „ Nasrudin, lass uns einen Wettkampf austragen, um zu entscheiden, wer von uns beiden in allem besser ist. Du schlägst irgendetwas vor, gleich, was es auch sein mag, ich versichere und behauptete, dass ich dafür nur halb so viel Zeit benötige wie du."

„ Angenommen!" sagte Nasrudin. „ Und bis es von den anwesenden Zeugen entschieden ist, werden wir als gleichwertig betrachtet. Hier ist mein Vorschlag: Es ist nach tausend Jahren meiner Lebenszeit festzustellen, ob du inzwischen nur fünfhundert Jahre älter geworden bist."

Das scheint mir eine Geschichte zu sein, die Licht in ein Forum zu bringen vermag, wo viele „ Wissende "zu sein glauben. Möge Allah uns allen vergeben und uns nützliches Wissen und die damit kommende Milde in das Herz geben. Fatiha.

Mittwoch, der 8.7.2015

11 Uhr 32. Ganz schön geschlaucht bin ich. Eine Woche noch dauert der Ramadan. Elhamdulillah. Gott sei Dank hat es bis um 9 Uhr geregnet. Das erleichtert das Fasten sehr. Heute ist noch zum Iftar hin eine Veranstaltung, bei der ich mich drehen darf. Elhamdulillah. Die Veranstaltung ist auf dem Leopoldplatz. Elhamdulillah. Das ist ganz in meiner Nähe. Es läuft alles ganz gut.

13 Uhr 38. Die Blätter rauschen. Ein grüner Ozean des Lebens macht seine Geräusche. Windstille. Wen stillt der Wind? Täler aus Töne werden vom Wind geschliffen. Die grüne Lunge belebt Berlin. Wunderschön. Elhamdulillah.

Donnerstag, der 9.7.2015

8 Uhr 27. Ich bin ziemlich erschöpft. Der Auftritt als drehender Derwisch gestern war anstrengend. Nervös war ich überhaupt nicht und innerlich sehr in meiner Mitte. Das brauchte ich auch, denn der Untergrund war wieder ein Großsteinpflaster, auf dem eine Folie geklebt war. Zudem war der Wind stark. Wie ich später von einem Bruder hörte, war der Wind so stark, dass es gut war, eine weiße Hose unter dem Gewand gehabt zu haben. Elhamdulillah. Ich kann diesen Auftritt noch nicht ganz einordnen. Ich fand ihn wichtig und gestern wurde mir bewusst, weshalb. Der Leopoldplatz ist ein Sammelpunkt für Menschen und ein energetisch zu reinigender Ort. Dort treffen sich oft schwierige Menschen. Die Veranstaltung sehe ich als Reinigung des Platzes an und das zum Iftar hin der Ahsan(Gebetsruf) auf einem öffentlichen Platz erschallt und für hunderte, wenn nicht für tausende zu hören ist, ist in meiner Zeit als Derwisch einmalig. Deshalb empfinde ich die Veranstaltung auf dem Leopoldplatz als großen Segen. Möge Allah inshAllah all jenen, die den Gebetsruf gehört oder den drehenden Derwisch gesehen haben, mit Licht, Liebe und Salam beschenkt haben; zu Ehren des Propheten Mohammed, Friede sei auf ihm, Großscheich Nazim, Friede auf ihm, Scheich Mehmet Adil Efendi und meinem Scheich. Fatiha.

8 Uhr 45. Etwas ist mir noch eingefallen, was mir eine Schwester gestern bei dem Auftritt sagte, nämlich, dass jeder ersetzbar ist. Sie sprach an, dass jene auf der Bühne bis auf eine Schwester andere ersetzt hatten. Es geht sogar noch weiter, sagte ich zu ihr. Gibst du Hismet ab, kann es sein, dass du ihn nie mehr wiederbekommst. Dies ist nämlich eine Zeit der großen Prüfungen und der Hismet soll mit Liebe und Respekt gemacht werden. Wie in einer Ehe gibt es beim Gottesdienst auch mal weniger gute Tage. In guten, wie in schlechten Zeiten. InshAllah. Eine Scheidung jedoch ist ein fundamentaler Bruch. So sieht der Scheich Mehmet Adil Efendi momentan die Gemeinschaftaus.

13 Uhr 35. Ein Zeitungsartikel von heute betrifft die Herausforderung aus Japan im Kampfroboterkampf. Der abgebildete Roboter sieht aus wie ein Mech und ich fühle mich in meine Jugend versetzt, wo ich in die Welten von Battletech und Shadowrun eintauchte. Beide Welten von damals werden nun realisiert. Mechs, in denen Menschen sitzen und kämpfen sowie eine Welt, in der die Konzerne mächtiger als Staaten sind Der große Geistertanz muss her. InshAllah.

Ein Sturm tobt über Liebessplitter. Egoistische Erdbeben produzieren Risse im moralischen Fundament. Ein Derwisch dreht sich um Kontrolle kämpfend bis er das Auge des Sturmes wird. Dieses Auge sieht alles mit Liebe an und eine Träne wird zum Ozean der Weisheit.

„Handle stets so, dass sich die Zahl Deiner Möglichkeiten vergrößert!"

Heinz von Foerster

Samstag, der 11.7. 2015

Leichtigkeit. Losgelöstheit. Frauen, deren Worte kein Gewicht haben, greifen verzweifelt nach Männern mit Leichtigkeit. Wieso diese sie nicht beachten können? Sie sehen sie nicht und hören sie nicht. Diese Männer nehmen nur Frauen auf ihrer Ebene wahr. Die Stimmen der ehrlosen Frauen werden zu einem Gekreische, das ihren Ohren schmerzt. Sie kreischen sich

selbst an, dann beginnt das Gemetzel. Es gibt im Leben andauernd Scheidewege. Diejenigen, welche nicht den Weg gingen, den Allah ihnen im Guten bestimmte, müssen dann mit dem Ziel des von ihnen gewählten Zieles leben. Sie blicken zu der Alternative und das Geweine fängt dann an. Wer erniedrigt hier wen? Lichtvoll strahlt die Zukunft und leicht ist der Gang.

Sonntag, der 12.7.2015

„Kommen Sie zu uns in den Bogensportverein! Lernen Sie schießen und treffen Sie neue Freunde!"

Montag, der 13.7.2015

8 Uhr. Ziemlich müde bin ich. Elhamdulillah. Es war ein seltsames Wochenende. Am Samstag hatte ich abends zum Iftar einen Auftritt als drehender Derwisch. Wir waren nur zu dritt; Gesang/Ney, Daf und der Derwisch. Im letzten Jahr waren wir bei diesem Auftritt dreimal so viele Leute. Es ist ja jedes Mal anders. Und einen Apfel kann man nicht mit einer Birne vergleichen, doch mein Empfinden ist, dass dieser Auftritt viel mehr Unterstützung von Allah hatte, als der im letzten Jahr. Ich war viel lockerer, der Leiter des kleinen Sufi Ensembles konnte die Menge sehr gut animieren und diese machte auch viel mehr mit. Der Auftritt war bei einem Verein, der Deutschkurse für Ausländer anbietet. Verhältnismäßig viele Araber aus allen arabischen Ländern waren dabei und diese kannten natürlich auch alle Texte. Das ganze Drumherum hat halt besser gepasst. Die Menschen haben noch lange und viel mit uns geredet, bis es spät war und wir nach Hause mussten. Ein gelungener Abend. Ich sah bei dieser Veranstaltung auch Großscheich Nazim und meinen Scheich vor meinen geistigen Augen, wie auch die Schwester, welche die Daf spielte. Das passiert mir auch nicht bei jedem Auftritt. Auch wenn ich die Absicht habe, den Großscheich zu sehen, passiert das nicht immer. Elhamdulillah. Gestern haben wir für die Vorführung des Bogenschießens am kommenden Sonntag geprobt. Das wird lustig werden. Viele Kommandos und damit Stichworte sind auf Türkisch. Ich hinke da als Deutscher eher etwas hinterher. Trotzdem freue ich mich und heute kam in mein Herz, dass der Zeitpunkt der Vorführung fast neun Monate nach meinem Eintritt in den Verein ist. Elhamdulillah. Es ist wie eine Geburt und ich bin gespannt, was da heranwächst. InshAllah etwas Schönes und Großes.

10 Uhr 12. Dunkle Wolken hängen tief. Ihre Beute ist das Sonnenlicht. Augenlider tun es den Wolken gleich. Augen zu. Inneres Licht. InshAllah. Und auch wenn nicht. Elhamdulillah.

11 Uhr 16. Es gibt Frauen, die weglaufen, wenn ein Mann ihr Herz berührt. Voller Angst antworten sie nicht den schönsten Worten, welche sie jemals lasen. Ungeduldig verschanzen sie sich in einer Festung aus Regeln vor einer Antwort. Sie wehren die Antwort ab, wollen nicht wahrnehmen, dass sie nicht Königinnen über ihre Herzen sind und werden von anderen Männern schwanger. Sie belügen sich selbst und gebären Dunkelheit. Diese Schwärze am Tag sollte man einmal gesehen haben, denn dann hütet man sich davor, den gleichen Fehler zu machen. Sich selbst zu belügen und sein eigenes Herz zu einer Mördergrube zu machen, ist das dümmste, was man machen kann. Ein Schwarzes Loch. Ein Gesicht ohne Licht. Möge Allah alle wahrhaftig Liebenden vor solch einem Schicksal bewahren. Fatiha.

13 Uhr 3. Flüchtlinge retten sich bis nach Deutschland. Vor was flüchten sie? Krieg? Hunger? Armut? Ist Deutschland ein Land, wo es das nicht gibt? Wer zu einer Frau flüchtet, ist dem Untergang geweiht. Zwei Wracks ergeben keine Arche Noah und der Ozean der Wildheit ist mächtig. Das wilde Ego wird nur zu einem zahmen Löwen durch das Finden und Anleinen an Allah im Herzen. Wer das geschafft hat, flüchtet vor nichts, doch immer zu seinem Herrn.

Dienstag, der 14.7.2015

8 Uhr 40. Es nieselt leicht. Die Welt sieht aus wie auf Wasser gemalt. Der Regen wird stärker. Es segnet. Tinte zerläuft auf Papier. Panta rhei. Alles fließt. Allah.

19 Uhr. Ich trainiere gerade zu Hause Kepaze, Ausdauer und Kraft. Dabei höre ich Adele mit „Rolling in the deep". Im Refrain höre ich immer Derwisch! Whirling! MashAllah. Elhamdulillah. Ich werde mich inshAllah Samstag bei Bahaudin Efendi im Ozean der Weisheit drehen.

19 Uhr 45. Gerade habe ich den dritten Dienstag in Folge das Martha- Gebet verrichtet. Noch die folgenden sechs Dienstage soll ich es beten, dann wird sich mein Anliegen erfüllen. Elhamdulillah.

Mittwoch, der 15.7.2015

11 Uhr. Es sind doch nicht ganz 9 Monate zwischen meinem Eintritt in die Osmanische Bogenschule und dem Besuch der Osmanischen Bogenschule Berlin durch Bahaudin Efendi. Trotzdem ist das die Zeitspanne einer Geburt, wenn auch einer frühen. Elhamdulillah. In mein Herz kommt jedenfalls, dass diese Veranstaltung am kommenden Sonntag wichtig ist und das Osmanische Bogenschießen danach inshAllah laufen lernt. Dann wird es inshAllah ganz Deutschland erobern und mehr Segen wird auf dieses schöne Land niederkommen. Elhamdulillah.

13 Uhr 41. Eine seltsame Stimmung habe ich momentan. Morgen noch fasten und dann ist der Ramadan vorbei. Ruhig ist alles. Ist es die Ruhe vor dem Sturm? Wer im Sturm aussät, dessen Ernte wird ihn an Orten überraschen, auf die er von sich aus nie gekommen wäre. Ein Sturm ist wie ein drehender Derwisch. Elhamdulillah. Ein schönes inneres Bild. Ein Sturm aus Liebe, vor dem sich alle ergeben müssen.

Ich will etwas Zikir machen und zwar diesmal etwas anders; schreibend. Allah.

Die Hölle ist ein Ort der Geschiedenen.

Donnerstag, der 16.7.2015

7 Uhr. Ein arabischer Bruder kommt in mein Herz. Dessen momentane Situation ist eine wichtige Lektion für mich. Wieso? Als es die alte Dergah noch gab, wollte dieser Bruder seine Arbeitsstelle kündigen. Man riet ihm davon ab. Er kündigte trotzdem und wollte etwas mit Politik machen. Der Scheich sagte ihm, dass er sich bei unserer Monarchie Sache engagieren soll, doch der arabische Bruder wollte seinen eigenen Weg gehen. Das letzte Mal vor einigen Wochen war der Stand, dass der arabische Bruder in sich gekehrt wirkte und wieder bei seiner alten Arbeitsstelle wahrscheinlich zu weniger guten Konditionen arbeitet. Der Scheich weiß am besten, was gut für einen ist und genau deshalb will ich übermorgen nicht zum Ozean der Weisheit. Mir wurde davon abgeraten. Ich warte immer noch auf eine Öffnung bei dieser Angelegenheit, doch das Beispiel des arabischen Bruders zeigt mir sehr deutlich, was passiert, wenn ich nicht auf den für mich Zuständigen höre. Jetzt beim

Schreiben weitet sich mein Herz und das sagt mir, dass ich Samstag lieber vom Ozean der Weisheit fern bleibe. Ich fühle mich ganz leicht nach dieser Entscheidung. Erleichtert. Erleuchtet. Elhamdulillah.

13 Uhr 15. Menschen mit Demenz verlieren als erstes die Orientierung. Der Mensch ist die Krone der Schöpfung, jedoch Diener seines Herrn. Erkennt er den Herrn nicht an, so hat er keine Orientierung mehr, weil er ja nicht weiß, wo er steht. Im Grunde genommen sind alle Ungläubigen dement. Wie wird Raum geschaffen? Das Ego sagt zu Allah: Ich bin ich und Du bist Du." So wurde das Ego geschaffen. Da entfernt sich das Ego vom Schöpfer und Raum entsteht. Mehr und mehr Raum entsteht. Sind Demente für uns wahre Menschen? Trauern wir nicht der Zeit hinterher, als diese Menschen wussten, wer sie waren? Nur dann haben sie uns erkannt. Wenn das Ego durch Fasten, wozu ja schon der Verzicht auf das Gedenken an den Herrn zählt, an einen Punkt gebracht wird, wo es sich nach seinem Herrn sehnt und die Hände sich Ihm ergebend öffnet, wird ein Stern geboren und erhellt den dunklen Raum, den das unerzogene Ego geschaffen hat. Das dem Herrn ergebene Ego ist wie ein Samurai, während das unerzogene ein Ronin ist. Möge Allah alle Osmanischen Bogenschützen so edel wie die edelsten aller Samurais sein lassen. Fatiha.

Freitag, der 17.7.2015

Was ist der Scheich? Er ist die Sonne. Die Schüler sind wie der Mond und reflektieren sein Licht. Was sind Schüler, wenn sie sich vom Scheich abwenden? Bedeutet abwenden nicht auch, nicht den Ratschlägen des Scheichs zu folgen? Wer als Schüler den Rat des Scheichs nicht umsetzt, schlägt sich selbst. Nach der Lektion kann man noch so viel Rad schlagen und sich einreden, im Recht zu sein, doch ist man auch im Frieden? Welches Gefühl hat man im Paradies? Ein Rechthaberisches oder ein friedliches?

11 Uhr 36. Eine Nachricht von heute teilte mit, dass Mullah Omar, der Anführer der Taliban, Gesprächsbereitschaft mit der afghanischen Regierung zeigt. Das hat mich positiv bewegt. Ich habe mal eine Dokumentation über ihn gesehen, in der Kampfgefährten und andere Menschen über ihn erzählt haben. Besonders ein Imam hat mir mit seinem Bericht Licht in das Herz gegeben. Dieser Imam aus Afghanistan sagte, dass in der Moschee, wo er Dienst machte, ein Mantel des Propheten Mohammed, Friede sei auf ihm, aufbewahrt wurde. Als Mullah Omar nun von seinen Leuten zum Kalifen ernannt wurde, begab sich dieser zu der Moschee und ließ sich den Mantel übertreifen. Das soll Mullah Omar so berührt haben, dass er bei dem Dankesgebet danach in die falsche Richtung betete. Der Imam wollte Mullah Omar nicht darauf hinweisen. Diese Geschichte finde ich schön. Das zeigt mir die tiefe Liebe von Mullah Omar zu dem Propheten Mohammed, Friede sei auf ihm. Wie man ja weiß, waren die Taliban schon streng. Die neuste Entwicklung ist jedoch, dass sie von Daesh in Afghanistan brutal verdrängt werden.

12Uhr 22. Es regnet und segnet. Elhamdulillah. Die Taliban werden also jetzt verdrängt und was sollen sie machen? Man muss ja, um einen harten Gegner zu besiegen, noch härter sein. Wie sollen also die Taliban gegen die schwarzgekleideten Männer vorgehen? Mullah Omar scheint der Preis für sich und seine Gefolgsleute dafür zu hoch zu sein und er wählt den weicheren Weg, den Pfad des Friedens. Da muss es innerlich eine Grenze geben, die zeigt, dass man so nicht werden will. Wenn du voller Feuer bist, kommt jemand, der noch mehr Feuer in sich hat. Werde dann lieber wie Wasser, statt das Feuer noch mehr anzufachen. Pyrrhussieg. Pyrosieg.

Samstag, der 18.7.2015

12Uhr 40. Ich bin gerade bei dem Tor vor der Turnhalle des Bogenschießvereins angekommen. Heute in einer Viertelstunde wollen wir noch mal die Vorführung durchgehen. Auf dem Weg zur Halle sind mir zwei Dinge so wichtig und lichtvoll in das Herz gekommen, dass ich sie jetzt hier aufschreibe, solange der Geschmack an diese zwei Begebenheiten noch frisch ist. Die erste Sache war der Anblick einer abgebrochenen Krone einer Birke. Der Kronenast hing noch in den Ästen, doch mir kam bei diesem Anblick in mein Herz, dass die Birke jetzt am schwächsten ist. Regenwasser kann sich in der Bruchstelle sammeln und in der Folge Pilze und andere sich vom Holz ernährende Organismen ansiedeln und vermehren. Genauso ist es mit einem Volk. Nimmt man diesem die Krone, so droht diesem Volk etwas Ähnliches.

Die zweite Begebenheit war die, dass ich gerade über die letzte Kreuzung gegangen bin, als ich von einem Lkw heraus einen Pfiff hörte und den Ruf:" Ey, schöne Mütze!" Einige Sekunden danach folgte:" Osmanen!" Ich trage einen Fes und bat Allah nach dem Verlassen meiner Wohnung, dass die Osmanischen Bogenschützen den Segen von der Freude über den Anblick des Fes bekommen. Elhamdulillah. Anscheinend wurde dieses Gebet angenommen. Es ist aber doch eher traurig, dass Türken sich über einen Deutschen mit Fes freuen. Der Normalfall müsste sein, dass alle türkischen Männer Fes tragen. Das ist eine segensreiche Sache und wenn man diese weggibt, kriegt sie ein anderer. Allah nimmt nichts zurück, was Er gegeben hat. Doch die Ehre, ein Osmane zu sein, wird dann einem gegeben, der den Wert zu schätzen weiß. Bei solchen Bewunderungsbekundungen höre ich immer unterschwellig auch die Trauer über das, was von einem oder einem Vorfahren weggegeben wurde.

Money shot

Gerade ragt der Bogenschütze empor. Sein Stand ist stabil. Sein Atem ist regelmäßig. Die Konzentration ist auf das Ziel gerichtet. Das Potenzial des Bogenschützen ist unendlich; omnipotent. Alles ist in ihm enthalten, doch er ist nicht der Schöpfer von allem. Dieses Potenzial ist das Kapital des Bogenschützen und mit jeder Entscheidung wird ein Same der Möglichkeiten zum Wachsen gebracht. Wenn der Bogenschütze sich konzentriert hat, um das Ich loszulassen, kommt der laute Ruf:" Ya Haqq!". Money shot. Licht erhellt diesen Moment der Erleichterung.

Dienstag, der 21.7.2015

5 Uhr 30. In der Nacht habe ich von einem dunkelhäutigen Boxer mit Nachnamen Briggs geträumt. Wir haben uns mit Selam aleykum gegrüßt, was mich im Traum positiv verwundert hat. Ich schreibe diesen Traum auf, bevor ich ihn vergesse und habe vor, heute nach der Arbeit zu googeln, um zu erfahren, ob es einen Boxer mit Nachnamen Briggs gibt oder gab und was dieser Traum für mich bedeuten könnte.

14 Uhr 30. Zwei Tage ist jetzt die Bogenschießvorführung her. Elhamdulillah. Bahaudin Efendi erzählte nach der Vorführung einiges, doch nicht alles wurde in das Deutsche übersetzt. Er regte an, sich für das Bogenschießen zu engagieren, da es Sunna sei, Reiten, Schwimmen und Bogenschießen zu erlernen und den Kindern beizubringen. Er sagte, dass das Reiten in einer Stadt wie Berlin schwierig sei, Bogenschießen jedoch sei ohne Probleme zu erlernen. Da er wisse, dass das ein teurer Sport sei, hoffe er, dass sich Sponsoren inshAllah finden werden. Bahaudin Efendi bekam einen Bogen samt Pfeile geschenkt und durfte gleich damit in der Turnhalle üben. Dieses Einschießen war aus irgendeiner Perspektive bestimmt

elegant, doch wie ich später vernahm, soll er geäußert haben, dass er wohl eher der Zuschauer ist. Er sprach wieder das Sponsoring des Osmanischen Bogenschießens an und machte gleich den Anfang, indem er Bogen, Pfeile und Köcher dem Verein spendete. Den Daumenring nahm er aber mit in die Türkei. Nach diesem Sponsoring lief dann das Übliche ab, was heißt, dass alle ein Foto mit Bahaudin Efendi wollten oder Segen. Das dauerte dann noch mal 10 Minuten lang, bis dieser Teil der Veranstaltung auch vorüber war. Elhamdulillah. Er sagte, dass das der Grundstock für die Unterstützung wäre und dieses Gefühl habe ich auch. Jetzt wird diese aufgezeichnete und ausgezeichnete Vorführung verbreitet werden und jene, in denen Liebe dazu entsteht, werden es dann praktizieren wollen. Elhamdulillah. Jetztsind Ferien, wahrscheinlich auch beim Bogenschießen, wegen der Halle. Ich bin gespannt auf die Fotos und Aufnahmen. Den August pausiert auch der Ozean der Weisheit, so dass ich mich bis September der deutschen Monarchie widmen kann. Elhamdulillah.

20 Uhr 33. Ich finde Shannon Briggs als Boxer. Dieser hat gegen Vitali Klitschko gekämpft und will es wieder tun. Ich schreibe ihm eine Nachricht auf Facebook:" Salam aleykum. May God bless you and let Scheich Nazim be with you."

Donnerstag, der 23.7.2015

<u>Wolkenbilder</u>

Blauer Himmel. Schönes Wetter. Am Himmel ziehen Flugzeige weiße Streifen in die Länge. Chemtrails? Mit der Zeit hat der blaue Himmel ein Muster aus künstlichen weißen Streifen. Manche kreuzen einander. Die Streifen bleiben lange am Himmel. Man kann die Streifen auch als Pfeile ansehen, welche von Engeln geschossen wurden, um alle Menschen, die unter ihnen leben, im paradiesischen Zustand zu hüllen. Ich sehe nach oben und lächle. Elhamdulillah ve ShukrurAllah denke ich und sage:" Ya Haqq." Die Welt ist ein einziger Rohrschachtest. Wie man diese sieht, zeigt auf, in welchem Zustand das Herz des Betrachters beim Betrachten ist. Möge Allah alle Osmanischen Bogenschützen die Welt schön aussehen lassen. Fatiha.

Samstag, der 25.7.2015

10 Uhr. Müde. In einer Bezirkszeitung ist ein Bericht über das Iftar- Essen auf dem Leopoldplatz mit einem Foto des drehenden Derwisches als Titelbild. Elhamdulillah. Fotografiert und auf Facebook gepostet. Das Gefühl vom Segen meines Scheichs war beim Anblick der Zeitung und schon das Erlangen dieser war seltsam. Gestern auf dem Weg zur Arbeit kam ich in den Späti. Eine junge hübsche Frau begrüßte mich mit:" Na, hast du es wieder in eine Zeitung geschafft?"

„ Hä? Nicht, dass ich wüsste."

„ Doch, in das Magazin" ecke Müllerstraße"."

„ Wirklich? Zeig mal." Ab zum Verkäufer. Der gab mir die Zeitung und ich bedankte mich bei ihm. „ Darf ich die behalten?"

„ Ja."

„ Danke. Die ist für die Schwester vom Scheich. Wir sollen alle Berichte über Veranstaltungen sammeln und abgeben."

Das war die Überraschung des gestrigen Tages. Ich gab die Zeitung gestern Abend in der Fabrik ab und heute gerade beim Einkaufen in einem Supermarkt sah ich die Zeitung ausgelegt. Elhamdulillah. Ich habe mir noch einige vom Stapel genommen. Einen Kaffee habe ich gerade getrunken. Ein Bruder zieht nach Bodensee und braucht in zwei Stunden Hilfe beim Umzug. Das kam kurzfristig.

11 Uhr 45. Ich fahre gerade mit der S- Bahn zu dem umziehenden Bruder. Den Zielort suchte ich auf dem BVG- Plan. Dann schaute ich, wie ich auf den besten Weg dorthin komme. In eine Richtung gibt es Schienenersatzverkehr, also ändere ich meinen Fahrplan. Einmal muss ich umsteigen. In der S- Bahn zeigt eine Anzeige an, wo man ist und welcher der nächste Bahnhof ist. Auf jedem Bahnhof gibt es eine Ansage, in der gesagt wird, in welcher Bahn man ist und in welche Richtung diese fährt. So ist es auch im Leben. Wenn du weißt, wo du hin willst, wird Allah inshAllah dir zeigen, wie du dorthin kommst und es wird dir leicht gemacht werden, wenn du auf die Hinweise achtest. Das Ziel im Leben ist leicht ausgemacht, nämlich Allah. Elhamdulillah.

12 Uhr 20. Eine SMS- Nachricht teilt mir mit, dass einer der Helfer abgesagt hat. Elhamdulillah.

Montag, der 27. 7.2015

7 Uhr. 46. Wenn ein Hodscha sagt, dass er ein Hund von Großscheich Nazim, Friede auf ihm, ist, so bedeutet das, dass er unter ihm ist. Die Logik dieser Aussage besagt daher, dass Schülern dieses Hodschas verboten ist, zu versuchen, Großscheichs Schüler zu ihren Hodscha zu ziehen. Wer von den Schülern dieses Hodschas das tut, gehorcht demnach nicht einmal dem eigenen Hodscha.

Donnerstag, der 28. 7. 2015

Spirituelle Bombardierung

Vor vier Tagen bekam ich eine spirituelle Bombenwarnung. Bei zwei Menschen wird eine dunkle Bombe explodieren. Leute werden gewarnt und in Sicherheit gebracht. Man wartet auf die negative Explosion und schützt sich mit einem Gebet für die beiden.

Mittwoch, der 29.7.2015

12 Uhr 49. Leichte Sehnenscheidenentzündung in der linken Hand. Das macht sich vor allem beim Arbeiten mit dem Bogen bemerkbar. Ich werde morgen und übermorgen eine Handgelenksbandage beim Arbeiten benutzen und als Bewegungstraining den Rest der Woche lange Spaziergänge nach der Arbeit machen. InshAllah. Eine Tür schließt sich und eine andere öffnet sich. Elhamdulillah. Einen Kaffeeproduzenten habe ich getroffen, der vielleicht als Sponsor für das Osmanische Bogenschießen in Frage kommt, da er im Logo einen Mohren mit Fes hat. InshAllah. Mehr als fragen, muss ich ja nicht. Wenn Allah es so will, dann wird es geschehen.

Donnerstag, der 30.7.2015

Sufi und Esoteriker

Sufi:" Negativer Energie sollte man aus dem Weg gehen."

Esoteriker:" Negative Energien sind Probleme und diesen sollte man sich stellen. Diese Probleme kommen immer wieder, bis man sie gelöst hat. Vor ihnen wegzurennen, wäre eine Flucht."

Sufi:" Nicht alle Probleme sind negative Energie, aber jede negative Energie ist ein Problem. Worte sind wichtig. Man sollte auf sie achten. Vergewaltigung ist negativ. Ich muss nicht eine Frau vergewaltigen, um mich diesem Problem zu stellen."

Stille. Abstand zwischen den Worten vergrößert sich und macht Platz für einen, dessen Wort Gewicht hat. Der Prophet Mohammed, Friede sei auf ihm, war einmal mit Gefährten unterwegs und machte auf dem Weg einen Bogen, wobei er seine Gefährten darauf hinwies, es ihm gleich zu tun, da an der ausgewichenen Stelle jemand ermordet worden war. Es war also ein Ort negativer Energie und das Ausweichen eine positive Reaktion darauf. Wer sind wir, dass wir uns über den Propheten stellen? Möge Allah uns allen für die Momente, in denen wir es taten, vergeben. Fatiha.

Spirituelle Oberweite

2008 hatte eine Deutsche geklagt, die sich Brustimplantate eines französischen Herstellers einsetzen hat lassen. Diese Implantate waren mangelhaft. Wer kommt für den Schaden auf, wenn der Hersteller wie bei diesem Fall bankrott ist? Wie ist die Ausgangslage? Eine Frau ist nicht mit dem zufrieden, was der Schöpfer geschaffen hat. Aus einem Zustand des Krieges gegen den Schöpfer lässt sie die Schöpfung nach ihrer Lust verändern. Das, was ihrem niederen Ego gefiel, war mangelhaft. Jemand soll dafür haften. Da aus der Sicht des niederen Egos immer die anderen Schuld sind, wird in diesem Fall der TÜV Rheinland als Schuldiger ausgemacht. Das zeigt eine Facette des niederen Egos. Diese Rebellion gegen den Willen des Herrn ist ein Zeichen und Allah möge uns vor dieser Handlungsweise schützen und Frieden geben, denn friedliche Menschen sind genügsam und dankbar für das, was sie haben. Dieser Zustand ist die beste Oberweite; die spirituelle. Fatiha. Ein weiterführender Gedanke dazu ist, dass Frauen, welche sich ihre Oberweite vergrößern lassen, um Menschen anzulocken, was dafür bezahlen, dass sie weiterhin der materiellen Welt hinterherrennen dürfen. Das ist so, als wenn man jemanden dafür bezahlt, dass er einem Leid antut. Das ist unnormal. Den zu verklagen, der einem Leid angetan hat, obwohl man ihn dafür bezahlte, ist unbeschreiblich, weswegen ich auch damit stoppe. Vor diesem Punkt musste ich niesen, was Haqq bedeutet. Elhamdulillah ve Shukrur Allah. Fatiha.

Bücherbaum

Grüß Gott. Möge mit diesem Buch auch ein Engel zu dir gekommen sein und dir bis in alle Ewigkeit Licht, Liebe und Frieden in das Herz geben. Wenn dir das Buch so sehr gefällt, dass du es jemandem mitteilen willst, dann schreibe mir auf Facebook/ Roter Derwisch

Freitag, der 31.7.2015

Jeder will auf der obersten Stufe stehen. Der erste Platz ist der beste. Keiner will der zweite sein. Gold ist das Ziel. Allah will nur das Beste für uns. Ist man aufrichtig, ist das erste, das man bekommt, das Richtige. Ein Schüler sollte niemals, nachdem er in einer Sache den Scheich gefragt hat, einen anderen um Rat fragen. Das ist kein Anstand. Geht man mit der gleichen Frage noch mal zum Scheich, so gibt er dem Ego, was es haben will und man landet auf dem zweiten Platz. So lernt man. Während die Bedürfnisse des Egos befriedigt wurden, sieht die Seele, was der erste Platz gewesen wäre. Diesen Platz vor Augen geht das Training

weiter. Ewige Olympiade. Möge Allah uns zu jenen zählen, welche die erste Antwort annehmen und in Ehren halten. Fatiha.

Wie friedlich kann das Herz sein, wenn man erkennt, was man abgelehnt hat? Jetzt erst wird der Wert ersichtlich, dem man vorher vertrauen musste. Für eine Umkehr ist es jetzt zu spät. Das Rennen ist vorbei und man hat das Ego den ersten Platz gewinnen lassen.

Die Frau mit dem Pokal, der bittere Tränen schenkt

In der Welt wandert sie mit traurigen Augen. Einen Pokal hat sie, aus dem sie nur Bitteres trinken kann, wenn sie daran denkt, welchen Pokal sie verschmäht hat. Egal, was sie aus ihrem Pokal trink; es macht der Gedanke an den anderen Pokal Bitteres aus dem Getrunkenen. Beide Pokale standen zur Auswahl, deswegen ist das Benutzen des einen mit dem Gedenken an den anderen verbunden. Der abgelehnte Pokal war die erste Empfehlung des Herrn. Doch die Frau mit den traurigen Augen wollte den zweiten, da er ihr schöner erschien. Doch was kann schöner sein, als die Empfehlung des Herrn? Und so wandert die Frau mit den traurigen Augen durch die Welt. Sie belügt sich und die Welt, indem sie sagt, dass alles gut sei, doch sie hat das Beste von sich weggeschoben. Die Menschen merken das, halten Abstand zu der Frau mit den traurigen Augen. Der Pokal, der ihr vom Herrn empfohlen wurde, bleibt der beste Pokal für sie. Der Herr ist der Gebende. Nichts, was er gegeben hat, nimmt Er zurück. Dieser wertvolle Pokal bleibt so, wie er ist und wartet auf eine Frau, die ihn Wert zu schätzen weiß. Diese Frau wird dann nur süßes schmecken und die Welt wird von ihrem Gesang in Licht und Liebe gebadet werden.

Die Liebe einer Hure

Kannst du den Preis bezahlen, so erhältst du die Liebe einer Hure. Du musst nur dafür immer bezahlen, denn die Liebe einer Hure ist vergänglich. Bittest du Allah um eine Seelengefährtin, so erhältst du eine Frau, der du nichts geben kannst, da sie dir aus der Vorewigkeit für die Ewigkeit gegeben wurde. Wie will man das aufwiegen? Unendliches kann man nicht mit Endlichem aufwiegen. Allah dankbar dafür zu sein kann und sollte man. Für den Rest der Männer von Welt gilt, dass, wenn man Geschäfte mit einer Frau macht, man den Preis einer Hure kennen sollte.

14 Uhr 25. Kleiner Schock. Auf dem Bahnsteig wird auf die U- Bahn gewartet. Die Anzeige wird gelesen.U9, S41, S42 Schienenersatzverkehr mit Russen zwischen Halensee und Bundesplatz habe ich gelesen, statt mit Bussen.

Sternenwanderer

Mit jedem Schritt wird ein Stern erreicht. Oh, wie groß! Oh, wie mächtig! Erstaunen über die Unendlichkeit der Seele entfaltet sich in einer Karte der Materie. Sterne sind Fixpunkte des Bewusstseins und die Erhabenheit ruht sich dort vom Staunen aus. Ernüchterung von der Freude. Tanken der Sehnsucht. Warten auf das Warten. Die Sonne trifft eine rechte Wange. Man hält auch die andere hin. Leichtigkeit fließt aus friedvollen Augen und trifft auf Bierdeckel, welche in einem Parkweg eingedrückt wurden. Ein Stern ist auf jedem Bierdeckel abgebildet. Die Sonne bringt jeden dieser Sterne zum Strahlen. Elhamdulillah.

Samstag, der 1.8.2015

12 Uhr 55. Gestern in der Fabrik war es interessant. Einige Themen, mit denen ich mich beschäftige, wurden vertieft und verschönert. Elhamdulillah. Da es Dinge sind, welche in der

Realität zu beschauen sind, fühle ich einen inneren Drang, diese in diese Welt zu bringen, damit Menschen die Verzierungen ebenfalls würdigen können. Primär geht es um eine Sache. Es wurde gestern davon gesprochen, dass es einen Hadith (Ausspruch) des Propheten Mohammed, Friede sei auf ihm, der besagt, dass, wenn morgen die Welt untergeht, man heute noch einen Baum pflanzen soll. Elhamdulillah. Die Sprecherin sagte, dass sie und ihr Mann das immer tun wollen, nur nicht wissen, wie. Ich antwortete, dass es auch einfacher geht und ich es nachher sagen werde. Dazu kam es nicht, doch heute habe ich die Möglichkeit, es in größerem Rahmen nachzuholen. Elhamdulillah. Bis jetzt war ich etwas müde, doch mit dem Schreiben kommt Energie, die mich wie ein drehender Derwisch mit dem Stift über die weißen Seiten wirbeln lässt. Elhamdulillah. Allah hu alim. Zum Schreiben benutze ich immer Gelschreiber in verschiedenen Farben. Ich wollte heute in der Bücherei mit dem grünen Gelschreiber schreiben, doch dieser wollte nicht so richtig, wie ein schwarzer, den ich mal hatte. Die einzigen Farben, welche nie Probleme machen, sind blau und rot. Allah hu alim. Also kaufe ich nur noch Stifte mit diesen beiden Farben. Es stört den Schleimfluss, wenn die Flüssigkeit sich nicht im Fluss auf die leeren Seiten ergießt. Elhamdulillah. Der Cappuccino ist auf dem U-Bahnhof Leopoldplatz ausgetrunken, etwas wurde geschrieben und Energie aufgetankt. Jetzt geht es weiter und Allah allein weiß, was Er mir heute als Geschenk geben möchte.

Sonntag, der 2.8.2015

Neumond. Vollmond. Sonne. Dazu einige Zeichnungen..

„Lies dein Tatenbuch, du selbst genügst dir als Zeuge." Koran, Sure 17, 14-5

Wenn man statt Tatenbuch Tagebuch nimmt, hat das Schreiben als Reflexion einen Sinn, daher auch die Empfehlung, auf dem spirituellen Weg eines zu schreiben. Blüten öffnen sich zu unterschiedlicher Zeit.

18 Uhr 15. Einzelne Segmente fügen sich aneinander und füllen sich wie der Neumond zum Vollmond mit dem reflektierten Licht der Sonne. Es fühlt sich richtig an und erfüllt mich mit Frieden. Ich sitze auf einer Wiese. Menschen sitzen, liegen oder sind um mich in Bewegung. Die Sonne scheint. Es ist warm. Vor mir ist eine Schattenspendende Birke mit ihrer typischen weißen Rinde und herunterhängenden Zweigen, die mit den leichten Windstößen mitpendeln. Die Birke erinnert mich etwas an einen Derwisch in seinem weißen Gewand. Elhamdulillah. 1001X Ya Wadud. Huuuuuuuuuuuuuuuuuuuuuuuuuuuuuuuuuuuuuuuuuuuuuuuuuuu.

Allah hat seine Eigenschaften in ein Gefäß gegeben. Eigenschaften sind Macht. Das niedere Ego will nicht Allah wahrhaftig lieben, denn das würde den Tod des Egos bedeuten. Lieben heißt geben; sich hingeben. Doch die eingeschlossene Liebe erfüllt ihre Aufgabe nicht, so dass dieses Ego sich nicht erfüllt fühlt. Vor der inneren Liebe aufgeben muss es und diese wieder aus sich heraus fließen lassen. Mit der Liebe Allahs so umzugehen ist das Verhalten eines weisen Königs. Die Liebe nur für sich zu behalten und damit gefangen zu halten ist das Verhalten eines Tyrannen. Allah liebt nicht bedingungslos. Die einzige Bedingung, die in Seiner Liebe enthalten ist, ist das Verbot der Tyrannei. Allah hu akbar.

18 Uhr 40. Dieser Gedankenkreislauf war eine schwere Geburt. Die Sonne geht langsam unter. In das Dunkle wurde Licht gebracht und Wissen geboren. Elhamdulillah. Jetzt geht es nach Hause.

Montag, der 3.8.2015

7 Uhr 45. Wenn ein Mensch im niederen Ego mit Liebe von außen in Berührung kommt, so hat er nur die zwei Möglichkeiten des Erwiderns oder Bekämpfens. Ein Spiegel hat zwei Seiten. Jeder Mensch ist ein Spiegel für den anderen. Die gefangen gehaltene Liebe will fließen und wer sich Leid ersparen will, sucht dafür nach Möglichkeiten. Vielleicht kann einer das nicht so öffentlich machen, dann sollte er nach weniger zur Schau gestellten Wegen bei Allah erbitten. Allah ist groß und kann alles erschaffen, sogar Wesen, die Ihn ablehnen, obwohl sie nur durch Ihn existieren. Genau das jedoch ist ein Zeichen Seiner Allmacht.

Montag, der 3.8.2015

„Das höchste Gut, das ein vernünftiger Mensch besitzt, ist seine freie Zeit." Paul Ernst

Ein interessanter Artikel war heute in der Zeitung, den ich mir aufbewahrt habe. In dem Artikel geht es um eifersüchtige Menschen. Eifersüchtige Menschen scheinen ein höheres Risiko dafür zu haben, an Alkoholsucht zu erkranken. Sich sein Selbstwertgefühl nur vom Partner abhängig zu machen, ist nicht die beste Lösung. Ich finde es interessant, da man es auch ein wenig auf die Beziehung zum Scheich setzen kann. Gedankenkette, Anketten. Verbünden. Bund nehmen. Mit jemanden den Bund nehmen. Sich verbinden. Bei dem Scheich den Bund nehmen. Etwas entgegen nehmen. Die Hand ausstrecken. Beschenkt werden. Sehnsucht zeigen. Die gute Sucht. Suche. „Ich war ein verborgener Schatz, der erkannt werden wollte." Schatzsuche. Sucher. Sucht. Sehnsucht. Sehnen. Bogensehne. Lieben wollen. Wissen, dass man immer geliebt wurde und wird. HAKK.

Dienstag, der 4.8.2015

7 Uhr 28. Ich denke über den Dalai Lama nach und wie er seine Anhänger auf den Fall vorbereitet, dass diese Linie der Fürbitte mit ihm enden könnte. Dieser Weg wäre dann mit ihm nicht in dieser Form da und die Schüler müssten mehr an sich selbst arbeiten. Etwas sagt mir, dass er bald von Allah zu Sich gerufen wird.

10 Uhr 28. Ein sehr schöner Artikel ist heute in einer Zeitung. In Bhutan wurden zum 60. Geburtstag des vierten Königs Jigme Singye Wang-Chuck in einer Stunde von Freiwilligen 49672 Baumschößlinge gepflanzt. Ich liebe Bhutan unter anderem wegen des Konzeptes des Bruttonationalglücks. Mal sehen, ob ich über Facebook mit anderen in Kontakt treten kann, um ähnliches in Deutschland für Deutschland zu machen.

Mittwoch, der 5.8.2015

6 Uhr25. Salim Spohr Efendi seine Kommentare in Gebete einbetten.

8 Uhr 30. Erde neutralisiert? Mal Scheich Google fragen. Wenn Erde neutralisiert, dann erst Recht Ton. Aus Ton war der Golem gemacht. In Psalm 139 soll man etwas darüber finden. Golem ist hebräisch für formlose Masse, ungeschlachteter Mensch oder Embryo.

Psalm 139

Dem Vorsänger. Von David. Ein Psalm.

1 Herr, du erforschst mich und kennst mich!

2 Ich sitze oder stehe auf, so weißt du es; du verstehst meine Gedanken von ferne.

3 Du beobachtest mich, ob ich gehe oder liege, und bist vertraut mit allen meinen Wegen;

4 ja, es ist kein Wort auf meiner Zunge, das du, HERR, nicht völlig wüßtest.

5 Von allen Seiten umgibst du mich und hältst deine Hand über mir.

6 Diese Erkenntnis ist mir zu wunderbar, zu hoch, als daß ich sie fassen könnte!

7 Wo sollte ich hingehen vor deinem Geist, und wo sollte ich hinfliehen vor deinem Angesicht?

8 Stiege ich hinauf zum Himmel, so bist du da; machte ich das Totenreich zu meinem Lager, siehe, so bist du auch da!

9 Nähme ich Flügel der Morgenröte und ließe mich nieder am äußersten Ende des Meeres,

10 so würde auch dort deine Hand mich führen und deine Rechte mich halten!

11 Spräche ich:" Finsternis soll mich bedecken und das Licht zur Nacht werden um mich her!",

12 so wäre auch die Finsternis nicht finster für dich, und die Nacht leuchtete wie der Tag, die Finsternis (wäre für dich) wie das Licht.

13 Denn du hast meine Nieren gebildet; du hast mich gewoben im Schoß meiner Mutter.

14 Ich danke dir dafür, daß ich erstaunlich und wunderbar gemacht bin; wunderbar sind deine Werke, und meine Seele erkennt das wohl!

15 Mein Gebein war nicht verhüllt vor dir, als ich im Verborgenen gemacht wurde, kunstvoll gewirkt tief unten auf Erden.

16 Deine Augen sahen mich schon als ungeformten Keim, und in dein Buch waren geschrieben alle Tage, die noch werden sollten, als noch keiner von ihnen war.

17 Und wie kostbar sind mir deine Gedanken, o Gott! Wie ist ihre Summe so gewaltig!

18 Wollte ich sie zählen- sie sind zahlreicher als der Sand. Wenn ich erwache, so bin ich immer noch bei dir!

19 Ach, wolltest du, o Gott, doch den Gottlosen töten! Und ihr Blutgierigen, weicht von mir!

20 Denn sie reden arglistig gegen dich; deine Feinde erheben (ihre Hand) zur Lüge.

21 Sollte ich nicht hassen, die dich, HERR, hassen, und keine Abscheu empfinden vor deinen Widersachern?

22 Ich hasse sie mit vollkommenen Haß, sie sind mir zu Feinden geworden.

23 Erforsche mich, o Gott, und erkenne mein Herz; prüfe mich und erkenne, wie ich es meine;

24 und sieh, ob ich auf bösem Weg bin, und leite mich auf dem ewigen Weg!

Hmmm, kein Golem in dem Psalm gefunden. Vielleicht auf Hebräisch. In diesem Psalm soll David, Friede auf ihm, sagen, dass er seinen Golem kennt, was ich so deuten würde, dass er damit sein Ego meint. Wer sein Ego kennt, kennt seinen Herrn.

<u>Brombeeren pflücken</u>

Mehrere Pflanzen befinden sich vor mir. Triebe ragen über die Beet Fläche hinaus. Regentropfen bilden schimmernde Inseln auf den grünen Blättern. Reste des Regens in der Nacht. Der Himmel ist bewölkt. Licht wird gespeichert. Eine Stunde später. Es scheint die Sonne. Elhamdulillah. Schwarze und rote, noch nicht reife Brombeeren befinden sich vor mir. Die Fingerspitzen umfassen eine schwarze Brombeere. Diese Brombeere ist noch hart. Die nächste wird getestet. Sie ist etwas weicher, nachgiebiger und dem Druck ergebener. Ich ziehe etwas an der Brombeere und es fühlt sich fast so an, als falle sie von ganzallein in meine Handfläche. Die gepflückte Brombeere wird zum Mund geführt und gegessen. Süß schmeckt sie. Die Brombeere war reif, nicht zu früh oder zu spät gepflückt. Ein Tag macht bei einer Brombeere schon etwas aus. So ist es auch mit dem perfekten Moment des Loslassens. Wachsam wie eine Katze muss der Sufi sein und die richtigen, weil lichten Momente in der Zeit pflücken. Jäger und Sammler immer noch und bis in alle Ewigkeit. InshAllah.

Wahlen

„ Wer seine Stimme abgibt, hat nichts mehr zu sagen." Das ist ein beliebter Spruch von Anarchisten und Nihilisten. „ Wer seine Stimme abgibt, hat gesprochen." Das ist der Spruch eines Gläubigen und Lebensbejahenden. Mit der Stimmenabgabe gibt man vertrauensvoll im Materiellem Macht über sich selbst jemand anderem. Man wählt ja die Regierenden. Die Regierenden erhalten das Vertrauen der Bevölkerung. Der Bevölkerung ist ihr Land von Gott anvertraut worden. Das ist ein großes Geschenk und eine Ehre. Wer den Wert von einem Geschenk nicht zu schätzen weiß, braucht sich nicht zu wundern, wenn ihm das Geschenk wieder weggenommen wird. Kennt man ja von der Kindererziehung. Verschwendung ist Sünde. Etwas Wertvolles nicht zu würdigen ist eine Verletzung vom Recht des Geschenks. Politiker müssen den Willen des Volkes, wenn sie respektiert werden wollen, auch respektieren. Jeder Mensch sollte das Gesetz der Schöpfung respektieren, wenn er vom Schöpfer respektiert werden will. Die Schöpfung hat einen Schöpfer. Der Name beinhaltet den Inhalt. Ohne Inhalt herrscht Leere. Leere Politik ist Nicht- Politik. „ Wer seine Stimme wegschmeißt, möchte, dass für ihn gesprochen wird." „ Wer seine Stimme abgibt, möchte mitreden." Das Mitreden beinhaltet auch eine Haltung, die man hat. Das ist mit mehr Verantwortung verbunden. Wer sich den Wahlen entzieht, flieht vor einer Entscheidung; einer Haltung. Was kann man mit solch einem Menschen schon groß aufbauen? Wie produktiv und kreativ kann jemand sein, der sich nicht entscheidet? Sein oder Nichtsein? Keines davon zu wählen bedeutet das Nichts zu wählen. Möge Allah uns immer die Entscheidung treffen lassen, die Er für die beste und schönste hält. Inder wollen nicht erwachsen werden, da sie dann entscheiden müssen. Fatiha.

Donnerstag, der 6.8.2015

7 Uhr 46. Ich denke an eine Frau. Stelle mir vor, wie es wäre, wenn sie tot wäre. Emotionslos schmücke ich diesen Gedankengang aus. Der letzte Gang. Begraben sind alle Emotionen. Die Erinnerung an diese Frau ist ein mit Efeu bewachsenes Grab mit einer runden Steinplatte in der Mitte, auf der ich mich mit den Augen zum Himmel gerichtet in weißem Gewand gegen den Uhrzeigersinn drehe. In meinem Herzen nur „Ya Wadud".

Freitag, der 7.8.2015

7 Uhr 42. Auf Facebook habe ich eine Aktion gepostet. Ein Schokoladenhersteller hat eine Sorte, bei der, wenn man drei Tafeln kauft, ein Baum in Südamerika gepflanzt wird. Sechs Tafeln habe ich gekauft und auf Facebook ein Foto davon gepostet. Ein Baum ist für das Sufi

Zentrum Rabbaniyya und einer für die deutsche Monarchie. Elhamdulillah. So kann sogar einer gärtnern ohne eine Pflanze anfassen zu müssen. Allah hu akbar.

10 Uhr 54.

Durch Facebook ein wahrer Mensch werden

Siehe Facebook als ein Trainingsgelände an. Ali, Friede auf ihm, soll gesagt haben, dass gesprochene Worte wie davon eilende Pferde sind. Das bedeutet, man soll aufpassen, was man verbal von sich gibt und was man in sich hinein lässt. Stell dir ein Onlineprofil als erst einmal positiv vor, denn es ist ja etwas aus Liebe Geschaffenes. Nun ist Leben ja Bewegung und das Profil bewegt sich, indem das Interesse es mal hierhin und mal dorthin bewegt. Man kommentiert einige Dinge und schreibt vielleicht Gedanken nieder und teilt sie der Öffentlichkeit mit. Wie im richtigen Leben. Man kann auf Facebook üben, sich nur gut darzustellen. Das ist hier einfacher.

Samstag, der 8.8.2015

Irgendwann, als das Potenzial durch den Willen zum Sein wurde, war mit der Liebe gleichzeitig die Entschuldigung mitgegeben. Das ist Barmherzigkeit. Wenn alles hingegeben wird, ist es das Leben, das hingegeben wird. Was dann noch bleibt, ist müde und Schlaf ist der kleine Bruder des Todes. Pilze sind sehr alt. Ihre unterirdischen Fadengeflechte, die Myzelien haben erstaunliche Eigenschaften. Sie können mit Diesel und Erdöl kontaminierten Erdboden reinigen. Verseuchte Gebiete reinigen zu können, ist eine Fähigkeit, die anzuwenden ein Segen ist. Das Ego glaubt zu sein. Diese Verseuchung ist die schlimmste. Ein Blick fällt auf in Plastik geschweißte dunkle Pilze. Stirb, bevor du stirbst. Dann zeigt sich die Wahrheit. Haqq.

Samstag, der 9.8.2015

22 Uhr 47.

Montag, der 10.8.2015

Ein toller Tag. Elhamdulillah. Heute habe ich den Tag mit Cher und ihrem Lied „ Strong enough" begonnen. Dieses Lied kam in mein Herz und ich habe es nun auf meinem mp3-player. Sehr leicht war der Tagesbeginn mit diesem Lied in meinen Ohren. Eine Fatiha habe ich für Cher wegen dieses Liedes gesprochen.

10 Uhr. Zu fünft waren wir gestern in Lankwitz auf einem Bogen- Parcours. Da wollte ich immer schon mal hin. Dieser Ort ist nun auf meiner geistigen Landkarte vermerkt. Es war sehr schön. Heiß war der gestrige Tag, doch das Gelände sehr bewachsen und daher schattig. In der Natur Bogen zu schießen hat noch mal seinen eigenen Reiz und das war sehr anregend. Ich stelle mir so etwas auch am Bodensee vor. Ein kleines Gelände, auf dem mit einfachsten Mitteln Ziele aufgestellt werden und schon kann man damit sein Geld verdienen und Hismet machen. In Verbindung mit dem Sufiland ist da noch viel mehr drin. Vielleicht wird das ja am Bodensee aufgegriffen. Wir haben viele Fotos gemacht, die wir auf Facebook posten werden, uns noch mit dem Betreiber unterhalten und mal sehen, was sich in Zukunft noch mit diesem Ort ergibt. Kontakte knüpfen, neue Orte besuchen und mit dem vermehrten Potenzial lässt sich mehr machen. Wachstum. Aussäen und ernten.

Dienstag, der 11.8.2015

8 Uhr. Mehrere innere Eingebungen hatte ich heute Morgen. Einer Schwester werde ich inshAllah schreiben, dass ich auf ihren Rat hören werde. Bei einer anderen Sache hatte ich auch eine Frage. Ich stellte Allah die Frage, ob ich noch in der Fabrik meinen Dienst machen soll, wenn bei einem kommenden Fernsehbericht über die aufgelöste Dergah der drehende Derwisch beim Sema dabei zu sehen ist, wie er Hadra macht. Das war ein Punkt, wo ich damals angegriffen wurde. „Beim Sema wird kein Hadra gemacht. Das kann vom Ego sein." wurde mir über Ecken mitgeteilt. Als ich das zu hören bekam, war ich über die Übermittlung der Nachricht enttäuscht, da dieser Weg anstandslos war. Ich konnte die folgende Nacht damals nicht schlafen. Das Drehen bei der Aufzeichnung vor knapp einem Jahr war absolut Ego los, da bin ich mir sicher. Mir wurde das so in das Herz gegeben. Ich bat Maulana Rumi und Halladsch, Friede auf beiden, damals um Rechtleitung und bekam sie. Die Aufzeichnung soll es bezeugen. Ist der Derwisch beim Hadra in der Aufzeichnung gelassen worden, so hat Allah mir Recht gegeben. Darum habe ich Allah damals gebeten. Wenn mein Ego beim Hadra involviert war, so sollte Er es nicht in der Aufzeichnung lassen. Noch drei Wochen, dann habe ich die Antwort. Ein knappes Jahr musste ich darauf warten und jetzt wird es offenbart. Heute nun fragte ich Großscheich Nazim, Friede auf ihm, um Rechtleitung. Bei Hadra in der Aufzeichnung wollte ich nicht mehr Dienst in der Fabrik machen und mich stattdessen auf das Bogenschießen konzentrieren. Zwei Möglichkeiten. Ich warf eine Münze, um bei Kopf weiter den Dienst in der Fabrik zu machen. Es kam Kopf. Egal, was im Fernsehen gezeigt wird, den Dienst in der Fabrik mache ich also erst einmal weiter. Die erste Antwort auf eine Frage an den Scheich ist immer die richtige. Ich werde mich hüten, etwas anderes zu machen.

8 Uhr 39. „Das kann vom Ego sein." Was ist das für eine Aussage? Alles in der Existenz ist auf Befehl von Allah in der Existenz. Der Mensch kann zwischen eigenem Wunsch und dem Wunsch von Allah entscheiden. Wollte der Derwisch am Tag der Aufzeichnung dabei sein? Nein. Wollte der Derwisch sich am Tag der Aufzeichnung drehen? Nein. Der Scheich wollte es. Wieso also danach die Kritik am Derwisch, welche indirekt auch eine Kritik an der Entscheidung des Scheichs war? Diese Frage ist für mich relevant, da die Bemerkung von einer Person kam, welche in der damaligen Dergah eine seltsame Position hatte. Nach diesem Abend der Aufzeichnung vor knapp einem Jahr drehte sich dieser Derwisch jedenfalls dort nicht mehr.

10 Uhr 44. Geduld ist wichtig. Auch wenn man das Gefühl hat, im Recht zu sein, muss man manchmal warten, bis der Welt gezeigt wird, dass man Recht hatte. Allah weiß schon, wer nur ihm dient. Wenige schauen nur zu ihrem Herrn und der Rest zu den Menschen.

13 Uhr 18. Der August scheint ein Monat der Offenbarung zu sein. Jetzt sieht man, aus welchen Gründen die Menschen etwas tun. Die Wahrhaftigkeit wird jetzt gezeigt. Das ist etwas von nicht zu bewertendem Wert. Das einzig Wahrhaftige ist Allah. Es zeigt sich immer mehr, wer nur Ihm dient. Da die Wahrhaftigkeit jedes Menschen sich jetzt mehr zeigt, ist die gesamte Menschheit in Bewegung wie nie zuvor. Um zu den Wahrhaftigen zu gehören, bedarf es Anstrengung und Erziehung. Wer beides nicht bei sich entwickeln lässt, hinkt der Entwicklung hinterher und wird zornig. Ergeben sind jene, welche sich zu dem entwickeln lassen, das Allah für sie vorgesehen hat. Alles ist in Göttlicher Ordnung. Elhamdulillah. Möge Allah mir vergeben und mich zu denen zählen, welche sich von Ihm erziehen lassen. Fatiha. Wie innen, so außen. Wie im Kleinen, so im Großen. Die Türkei zeigt nach Verhandlungen nun militärische Härte. Wie kann das auch anders sein? Wer nicht hören will, muss fühlen. Das ist Spiritualität.

Mittwoch, der 12.8.2015

9 Uhr 2. Heute habe ich Urlaub genommen, denn Mutter Meera gibt heute ihren Segen. Bis vor wenigen Wochen kannte ich sie noch nicht einmal, bis mir eine Kollegin von ihr erzählte. Segen schadet nie. Da diese Anregung nicht von mir, sondern auf mich zukam, nahm ich das als Anlass, mir dort einen Termin geben zu lassen. Für die Monarchie will ich diesen Termin wahrnehmen. Möge Allah das inshAllah so annehmen. Fatiha.

13 Uhr 40. Ich war nicht bei Mutter Meera. Vor dem Gebäude war mein Herz ganz schön in Unruhe. Es war nicht verkrampft, doch auch nicht in Ruhe. Ich habe Allah darum gebeten, es so anzunehmen, als wenn ich bei ihr gewesen wäre. Danach war ich noch in der Bücherei. Eine Inspiration kam mir aber bei dem Gang zu Mutter Meera. Ich müsste mal alle 40 Tage den Heiligen vom Columbiadamm besuchen. Besser regelmäßig einen Heiligen besuchen, als einmal im Jahr darauf zu warten, dass jemand kommt. Zu dem Heiligen bin ich jetzt unterwegs.

14 Uhr 50. Die Entscheidung zum Heiligen zu fahren, war die richtige. Der Bus kam sofort. Gerade habe ich sein Grab gegossen. Es ist wieder sehr heiß. Gebetet habe ich und Inspiration fließt. Elhamdulillah.

Rote Mest- these mest are made for whirling

Vom Grab des Heiligen nehme ich mir zwei grüne Steine, welche ich an seine Stein Stele hingelegt habe, damit diese von seinem Licht veredelt werden und von dem auch immer welche genommen und verwendet werden können.

Donnerstag, der 13.8.2015

7 Uhr 40. Herzlich gelacht habe ich heute Morgen beim Späti. Ich habe dem Bruder erzählt, was ich gestern mit den Steinen des Heiligen gemacht habe. Auf dem Tempelhofer Feld ist eine Sendeanlage. Da ich irgendwo gelesen habe, das mit den Frequenzen, welche für die heutige Kommunikation nötig sind auch Frequenzen beigemischt werden, welche die Menschen aggressiv machen, habe ich mir gesagt, dass einige Menschen ihre Plänehabe und ich meine. Ich warf also drei Steine vom Heiligengrab auf dem Rückweg über den Stacheldraht auf das Gelände der Sendeanlage mit der Bitte an Allah, dass zu Ehren des Heiligen die Frequenzen, welche mit keiner guten Absicht gesendet werden, in Liebe umgewandelt werden. InshAllah. Ich konnte am Abend richtig gut einschlafen. „Was hättest du gemacht, wenn man dich am Zaun festgenommen hätte?" fragte mich der Bruder vom Späti.

„Dann hätte ich was von Strahlen und dem Heiligen erzählt." Sagte ich.

Beide lachten wir dabei, weil eigentlich nur noch Aluminiumhüte dazu gehörten. Wer weiß? Allah hu alim. Es besteht im Bereich des Möglichen. Ich weiß nicht, was da gesendet wird und mit welcher Absicht.

11 Uhr 15. Eine ausgerissene Zeitungsnachricht liegt vor mir. Demnach soll in Nordkorea der Vizeregierungschef hingerichtet worden sein, weil er die Forstpolitik von Kim Jong- un kritisiert hat. Tja, wenn man so agiert, ist man bald entweder allein auf der Welt oder nur von Jasagern umgeben, die gegen ihre Erfahrungen lügen müssen. Wer möchte schon in so einem Land unter diesen Bedingungen leben? Wer möchte schon in einer Dergah sein, die genauso

regiert wird? Man soll immer schauen, ob man sein Tun im Jetzt noch vor Allah vertreten kann. Wenn nicht und man gehen kann, sollte man gehen.

13 Uhr 10. Ohnmächtig. Ohne Macht. Wer keine Macht über sich hat, über den hat ein anderer Macht. Wer seine Gefühle und Gedanken nicht kontrollieren kann, sollte diese Kontrolle jemandem geben, der dann nur Gutes tut, denn unkontrolliert tut man doch eher Dinge, die man später bereut. Gebote sind Kontrolle. Allah hat dem Menschen Gebote gegeben und damit Mittel, um sich zu kontrollieren. Kontrolle beruhigt das Herz. Alles ist dann im Frieden.

18 Uhr 45. Ich habe etwas geschlafen und seltsam geträumt. Davor habe ich eine ganze Ananas gegessen, da ich heute gelesen habe, dass die Ananas die Aminosäure Tryptophan enthält, welche in Serotonin umgewandelt wird. Das ist ein Glückshormon. Der Traum war positiv seltsam.

Freitag, der 14.8.2015

7 Uhr 27. Es gibt in Berlin die einzige Comicbibliothek. Ich werde versuchen, ein Sufi-Comic dort zu verschenken. Dann kann Allah Segen dafür inshAllah den Osmanischen Bogenschützen zukommen lassen.

11 Uhr 11. Heute werden 35 Grad Celsius erwartet. Gerade habe ich auf der Arbeit Pflanzen gegossen. Dabei habe ich die Zeit genutzt, um bei einem Ahorn einen toten Ast abzusägen. Als der Baum von dem Totholz befreit war, spürte ich richtig die Erleichterung des Baumes. Last war ihm genommen. Als der tote Ast noch am Baum dran war, hatte der Baum eine Spannung, welche Energie gekostet hat. Diese Energie wurde verbraucht, um die Stabilität des Baumes zu gewährleisten. Jetzt hat der Baum mehr Energie für das Gesunden und inshAllah Wachsen. Nach dem Absägen hat der Baum von mir auch noch mal viel Wasser bekommen. Ich werde ihn weiterhin beobachten. Mit dem Menschen ist es ähnlich. Manchmal schleppt er tote Erinnerungen mit sich oder verbraucht Energie für tote Projekte. Es ist manchmal ratsam, sich von toten Dingen zu trennen. Wenn man dazu nicht in der Lage ist, so sollte man Allah darum bitten, dass Er jemanden schickt, der das für einen erledigt. Passend dazu las ich heute die Bedeutung des Wortes Bathonophobie. Das ist die Angst vor Pflanzen. Man fürchtet sich vor gefährlichen Pflanzen, welche krank machen oder Fleisch fressen. Was es nicht alles gibt. Was das niedere Ego sich nicht alles an Angstkonstrukten ausdenkt.

Samstag, der 15.8.2015

Mittagszeit. Mittagshitze. Ich bin noch nicht richtig wach. Mir fehlt wohl noch ein Kaffee. Auf Facebook habe ich das Video eines Bruders gesehen, der auf einem Fest statt eines Gewehrs einen Bogen für das Jahrmarktschießen benutzte. Das fand ich gut. Das will ich auch tun.

Sonntag, der 16.8.2015

18 Uhr 45. Total langweiliger Tag heute. Sehr schwül. Ich war unterwegs zu einer Galerie, wo ein Maler ausgestellt sein sollte, der Derwisch Bilder gemalt hatte, doch die Galerie war geschlossen. Das war die letzte Chance, ihn zu sehen. Jetzt bin ich etwas auf Facebook unterwegs und lese etwas von einer Schwester, das mir doch tatsächlich noch den Tag verschönert. Sie schreibt über eine japanische Sitte. In Japan werden zerbrochene Schalen und Vasen an den Bruchstellen mit Gold repariert, so dass die Gefäße in ihrer Unvollkommenheit vollkommen sind. Hier liegt der Glaube zugrunde, dass, wenn etwas mit Schaden behaftet ist

und eine Geschichte hat, es an Schönheit gewinnt. Sehr schön. Ich werde mal bei dieser Sache nachforschen. Das erleichtert mein Herz und weitet es.

Montag, der 17.8.215

7 Uhr 33. Elhamdulillah. Der Tag fängt gut an. In einer Zeitung habe ich vor Arbeitsbeginn gelesen, dass 250000 Thailänder zu Ehren von Königin Sirikit Fahrrad gefahren sind. Königin Sirikit feierte am 12. August ihren 83. Geburtstag. Als Monarchist sage ich nun ein la ilahe illa llah mit der Bitte, dass Allah damit einen Engel erschafft, welcher bis in alle Ewigkeit für die Königin in die Pedalen aus Licht tritt. Fatiha.

Dienstag, der 18.8.2015

Sufi Zentrum Rabbaniyya. 16. August um 23 Uhr 45. „Selam aleykum, liebe Sufis und Freunde. Jeden Abend nach dem Nachtgebet werden im Sufiland 1000 Tevhid rezitiert, damit die Tyrannen und die Finsternis dieser Welt verschwinden und die Erretter und das Licht kommen. Schaltet ein, werdet Glied dieser himmlischen Kette und singt mit für einen himmlischen Frieden auf Erden für alle Menschen."

Mittwoch, der 19.8.2015

6 Uhr 48. Elhamdulillah. Das Tevhid gestern Abend war schön, kraftvoll und Energie gebend. Ich fand es so schön, dass ich es heute auf Facebook öffentlich teilen will. Ich mag es, wenn spirituelle Gruppen Meditationen mit bestimmten Zeiten und Absichten machen. Man kann sich dann, egal wo man ist, in dieses Energiefeld begeben. Der Zeitpunkt dieser jetzt täglich stattfindenden Meditation im Sufiland ist interessant. Am Montag habe ich mich mit einer Arbeitskollegin darüber unterhalten, dass die schwülen Tage so anstrengend waren und es mir so vorkommt, sehr viel Energie zu brauchen, um sich selbst zu kontrollieren. Die Kollegin war bei Mutter Meera. Als sie hörte, dass ich nicht da war, weil mein Herz vor dem Eingang in Unruhe war, sagte sie, dass mein Herz mich nicht betrogen hatte. Mutter Meera war wohl krank. Es ist wohl wirklich eine dunkle Zeit und das Angebot vom Sufiland ist ein Werkzeug, um die jetzige Zeit auf das Schönste zu meistern. Ich sehe das wie eine Tankstelle an, wo ich Licht, Kraft und Liebe tanken kann. Elhamdulillah. Ich wünschte mir sowieso, dass mein Scheich aktiver wird, da es dafür trainiert wurde. Er hat den Menschen noch eine Menge zu geben. InshAllah.

Wahrer Reichtum wird nicht durch Behalten bezeugt, sondern durch das Geben.

8 Uhr 32. Das heutige Teilen auf Facebook der Tevhid- Meditation wird sicherlich auch Folgen für mich haben. Es gibt eine Schwester, die mit meinem Scheich nichts zu tun haben will. Diese Meditation ist für das Licht und gerechte Herrscher. Wenn man meinen Scheich im Live- Stream nicht sehen will, kann man doch nur so in dieses Energiefeld sich begeben und davon profitieren. Werden Menschen wirklich ihre Emotionen über die Unterstützung dieser Absicht stellen? Möge Allah sie erkennen lassen, dass es eine Möglichkeit ist, sein Ego zu trainieren. Ich möchte die Bodenseetruppe auch nicht unbedingt sehen, deswegen habe ich gestern für mich die Meditation mitgemacht. So, wie es gemacht wird, ist es für jeden annehmbar und praktizierbar. Wer den Live- Stream sehen möchte, kann ihn sich ansehen und wer nicht, lässt ihn weg. Die Regelmäßigkeit der Meditation ist wichtig. Elhamdulillah. Wahrer Reichtum zeigt sich durch das Geben.

Nur ein nüchterner Barkeeper ist ein guter Barkeeper.

11 Uhr 34. Das Tevhid gegen die Tyrannen wird nach dem Nachtgebet gebetet. Diese Meditation ist also wie eine Kräftigung zum Tagesbeginn. Spiritueller Kaffee. Elhamdulillah. Ist eine Kerze in der Nacht nicht kostbarer, als am Tag? Wie viel mehr bleibt jemand einem als angenehm in Erinnerung, der den Tag mit einem liebevollen strahlenden Antlitz beginnt?

12 Uhr 47.

Bombenleger gesucht

Man sucht ihn unter strahlender Sonne. Bei angenehmen Temperaturen frösteln die Menschen vor dem, was vielleicht noch kommt. Gänsehaut. Angst. Fragen nach dem Warum branden wie Wellen an ratlose „Experten". Eine Frau in Berlin zittert. Unruhig ist sie und ihre Augen haben kein Licht. Sie hat dem Licht den Rücken gekehrt und was sollen ihre Augen auch jetzt noch spiegeln? Die Entscheidung steht. Damit muss sie leben. Bis in alle Ewigkeit. Wenn man sie sieht, erblickt man nur Leid. Leid ist ihr Kleid. Wie eine Implosion aus Dunkelheit wirkt sie und jeder blickt weg. Keiner will hineingezogen in diese Dunkelheit. Sicherheitsabstand. Suche nach den Beweggründen für die Entscheidung dieser Frau. Weggründe. Wieso dieser Weg? Zum Abgrund. Die Fragen danach nehmen ab, denn selbst diese ziehen einen hinunter. In den Abgrund. Dort ist sie. Hier ist man. Zwei Welten. Scheidung. Die Sonne scheint auf diese geschriebenen Worte. Elhamdulillah.

Ozean der Tränen

Zu ihm gelangte eine Frau, da ihr die Tränen nicht ausgegangen waren, sondern der Grund für die Süße der Tränen. Im Innern ausgetrocknet, gelangte sie zum Ozean der Weisheit. Seit langem leuchteten ihre Augen wieder wie die Sonne. Das Herz wurde wieder berührt und in Bewegung gebracht. Irrsinnig schnell sprudelten ihre Worte hervor. Wortschwall. Liebe traf auf Irrsinn. Der Verstand ging in dem Meer unter. Das Herz wollte sich bis in die Unendlichkeit weiten, doch seine Beherbergende hatte eine Mauer aus „Sich" gebaut und verteidigte diese mit allem Trotz. Am Ozean der Weisheit angekommen, konnte die Wüste ihres Herzens nicht grünen. Tränen brauchten einen Grund, aus dem sie geschöpft werden konnten. Die Durstende sah zum sandigen Ufer und dort waren Fußabdrücke, welche zeigten, dass sich hier jemand im Kreis entgegengesetzt zum Uhrzeigersinn gedreht hatte. Allein, wo es zwei hätten sein können. Der Ewigkeit entgegen, statt dem ewig erscheinenden Dasein auf der Erde. Die Durstende sah zum Himmel. Trockene Augen sahen schlecht. Sie fiel auf die Knie, wie eine Träne. Ihr Selbst zerbrach im Irrsinn. Dunkelheit sammelte die durch die Sonne getrockneten Scherben der Irrsinnigen auf und wickelte sie in ein weißes Gewand, das vom Nebel einer Wolke gebildet wurde, welche vielleicht wie ein drehender Derwisch geformt war.

Donnerstag, der 20.8.2015

Säure

Sie sagt, dass sie zwanzig Jahre alt war, als es an der Tür klingelte. Die Tür wurde von ihr geöffnet und mit einem „Niemand darf so schön sein!" goss ihr ein Mann Schwefelsäure in das Gesicht. Sie fühlte das Brennen und wie ihr Gesicht zerlief. Sie hatte Glück und nach 21 Operationen in 18 Jahren sieht man die Entstellungen nur noch aus der Nähe. Beide Augen hat sie noch. Anderen erging es schlimmer. Wie der einen Frau, welche die Liebe ihres Lebens von sich geschoben hatte. Das sich selbst betrügende Herz ist wie eine Säure, welche

schlimmer entstellt. Die Menschen suchen eher die Nähe zu der von Schwefelsäure gezeichneten Frau, als die der Frau, welche ihr eigenes Herz verätzte.

Samstag, der 22.8.2015

16 Uhr 30. Vom öffentlichen Bücherschrank komme ich gerade, wo ich wieder einige Bücher abgegeben habe. Nun warte ich auf die U- Bahn. Ein tag ist mir auf dem Hinweg aufgefallen, den ich im Vorbeigehen nicht lesen konnte. Jetzt beim Warten sitze ich neben ihm. An einer Wand auf dem U- Bahnhof Rebberge steht" Frauenhass" in einem sehr schönen Style getaggt.

Sonntag, der 23.8.2015

8 Uhr 30. Am Plötzensee sitze ich. Sehr früh bin ich heute aufgewacht. Mein Ego wollte weiterschlafen, doch ich war so wach und energiegeladen, dass mein Herz mir sagte, dass ich doch zum Plötzensee gehen könnte und dort Bogen schießen. Dieser innere Kampf ging bestimmt eine Viertelstunde, doch dann bin ich aufgestanden. Bogenschießequipment eingepackt und los. Auf dem Brachgelände am Kanal angekommen, machte ich die Waschung mit Wasser aus einer Plastikflasche und anschließend das Morgengebet auf einer Plastiktüte. Dort, wo ich ursprünglich Bogenschießen üben wollte, campierten Jugendliche. Also übte ich auf der anderen Seite des Platzes. Dort war eine Liege zwischen all den benutzten Sprühdosen, welche ich als Ziel an die vollgesprühten Wände stellte und dann legte ich los. Ich benutzte ramponierte Pfeile, welche ich nicht mehr reparieren konnte oder wollte. Resteverwertung. Die Absicht des Bogenschießens war, dass dieser Ort des Bogenschießens als Paradies gelten soll. InshAllah. Nach dem Training sammelte ich noch zwei leere Sprühdosen und etwas Müll auf und ging. Das wollte ich immer schon machen und heute hat es geklappt. Elhamdulillah. Als ich schon dachte, dass es das wäre, was Allah von mir wollte, traf ich auf zwei Frauen und ihren Hunden, von denen ich eine kannte. Mit den beiden sprach ich dann über Spirituelles. Elhamdulillah. Allah hu alim. Nun habe ich das Gefühl, Allah schon gut gedient zu haben und vor allem das Ego wenigstens etwas erzogen und gegen Trägheit gekämpft zu haben. Möge Allah die Kraft dieser Anstrengung allen Osmanischen Bogenschützen geben. Fatiha.

<u>Der Egoismus der Verliebten</u>

Früher konnte man erst in eine Dergah, wenn man verheiratet war. Das ist heute anders. Es ist eine andere Zeit mit anderen Anforderungen. Ich finde das manchmal interessant. Von Zeit zu Zeit kommen Menschen in die Dergah, welche aufgebaut werden. Selbstliebe wird in ihnen entwickelt und dann geschieht manchmal, dass sie sich in der Dergah verlieben. Geht die Beziehung dann in die Brüche, verlässt einer meistens die Dergah. Für mich selbst hat Liebe zu einer Person in einer Dergah nichts zu suchen. Wir gedenken unseres Schöpfers und haben die Aufgabe, den Weg anderen zu zeigen. Diese Aufgabe gibt den Rahmen vor. Wenn zwei Menschen, welche im Dienst sind, sich in der Dergah verlieben, können sie nicht verlangen, dass die anderen Diener diese Liebebeziehung gutheißen. Es ist eher störend für den Dienst. Die Gruppe hat eine Aufgabe und Verliebte verändern die Gruppendynamik. Wenn der Dienst und die Aufgabe darunter leiden, so sollten sich die Verliebten fragen, ob ihre Liebe nicht doch zu egoistisch ist. Sie haben sich in einer Gemeinschaft mit Aufgabe verliebt. Wenn durch ihre Liebe die Aufgabe nicht erfüllt werden kann, droht die Gemeinschaft auseinanderzufallen, denn die Aufgabe ist der Grund für die Gemeinschaft. Ohne Erfüllung der Aufgabe muss es diese Gemeinschaft nicht geben. Zikir kann jeder für sich machen. Für

das Aufrechterhalten eines wöchentlichen Treffpunktes und Veranstaltungen bedarf es einer Gruppe. Ich persönlich bin jemand, der lieber die Gemeinschaft verlässt, wenn ich mich dort verliebe, als diese Gefühlslage dort hineinzubringen. Das ist jedoch mein Umgang mit der Liebe innerhalb einer Degras. Für mich sind Verliebte beim Dienst eher eine Prüfung. Wo die Liebe hinfällt ist eine Sache. Wie man sich ihr wo ergibt eine andere Sache.

Montag, der 24.8.2015

11 Uhr 5. Gedanken bewegen mein Herz wie Wellen einen Ozean. Gesprächsfetzen kommen wie Schaumkronen an die bewegte Oberfläche und werden betrachtet. Was für Emotionen rufen diese Bilder hervor? Erinnerungen an Freitag. „ Das Tevhid gefällt mir sehr gut. Es kommt zur richtigen Zeit. Ich fühlte mich etwas energieärmer in letzter Zeit."

„ Machst du das Tevhid mit live- Stream?"

„ Nein. Dazu habe ich keine Lust. Ich will einige Menschen im live- Stream dabei nicht unbedingt sehen."

„ Ein Bruder macht den live- Stream zurzeit. Das Licht ist dabei aus und macht sieht eh nicht viel. Wieso soll ich live- stream schauen, wenn das Licht aus ist?"

Eine andere Gesprächsflocke drängt an die Oberfläche des Ozeans, der auch die Vergangenheit beinhaltet." Kuckst du live- Stream beim Tevhid?"

„ Nein, ich habe keine Lust, bestimmte Menschen dabei zu sehen."

„ Wenn denn"

„ Einen Bruder, mit dem ich nicht so gut kann."

„ Man sieht doch den Scheich."

„Den will ich auch nicht unbedingt sehen."

„ Komm doch mal klar!"

Seltsam, diese Tyrannei. Manche Menschen machen dieses Tevhid abhängig von einem Ort oder einer Person. Diese Einengung bei einer Sache der Ewigkeit ist für mich Zwang und gefällt mir gar nicht. Ich machte Tevhid mit der Absicht, dass das Licht kommt und die Tyrannen gehen gerne, bis Tyrannen mir sagten, wie ich es zu machen habe. Jetzt ist meine Liebe zum Tevhid weg und ich überlege, es nicht mehr zu machen. Soll Allah die beiden, welche den Druck auf mich ausübten, doch erst einmalmit Liebe auf das hinweisen, was sie da gemacht haben. Ich wäre dann aber auch nichtanders, als jene, welche Tevhid nicht machen, weil es mit dem Sufiland zu tun hat. Da ich mir nichtsicher bin, ob ich heute Abend Tevhid machen soll, bitte ich Allah, dass er mir durch Großscheich Nazim, Friede auf ihm, ein Zeichen geben soll. Ich will eine Münze werfen. Bei Kopf mache ich weiterhin Tevhid und bei Zahl nicht. Zahl. Also nicht. Okay, daran halte ich mich, denn bis andere Zeichen kommen. Jetzt ist die Lernphase extrem. Wenn einer einem anderen zum Licht zwingen will, ist dieses Ziel schon durch den Zwang dazu verdunkelt. Wenn diese Personen auch noch glauben, dass sie dazu berechtigt sind, Befehle zu erteilen, dann soll Allah ihnen zeigen, was sie damit anrichten. Tevhid mit Menschen zu verbinden ist Minimierung von etwas, das unendlich sein soll. Ab jetzt hat diese Kette jedenfalls ein Glied weniger. Elhamdulillah.

12 Uhr 50. Wenn sich eine Tür schließt, öffnet sich eine neue. In mein Herz kam, dass ich den Tag über auf etwas Schönes achten soll, dem dann inshAllah die Energie des Tevhid zuführen soll. Soll ich das so machen, frage ich den Großscheich und hole eine Münze hervor. Kopf als Ja. Na, diese Änderung kam ja schnell. Im Grunde genommen habe ich damit aber schon gestern angefangen und mir beim Einschlafen den Ort des Bogenschießens vorgestellt und dabei im Herzen la ilahe illallah gesungen und damit diesen Ort in Licht getaucht. Das werde ich also ab jetzt beim Tevhid praktizieren, statt an das Sufiland und den Scheich zu denken. Jetzt ist mein Herz geweitet. Elhamdulillah.

Blätter

Wenn ich an all die Blätter denke, welche ich vollgeschrieben habe, seit ich mit dem Osmanischen Bogenschießen angefangen habe, so denke ich, dass es bald reicht. Vielleicht wird noch ein kleines Notizbuch vollgeschrieben werden und auf ein schönes Ende gewartet. Qualität statt Quantität. Manchmal ist weniger mehr. Nach dem Ende des Handgeschriebenen pausiere ich dann erst einmal. Entspannen. Tief Luft holen. Froh werde ich sein, dass der Roman erst einmal in Schriftform da ist. Dann heißt es irgendwann für mich anfangen, den Text abzutippen. Das wird der schwierigere Teil. Ich bin ziemlich langsam beim Tippen. Zweifingersystem. Das niedere Ego wird das Geschriebene für verbesserungswürdig erachten und noch so manche Sabotageaktion starten. Wie viele potentielle Schriftsteller sind an ihren Romanen gescheitert, weil sie viele daran herumgepfuscht haben lassen? Auf meine Art werde ich meinen Romanschreiben. Beim Abtippen wird noch das eine oder andere hinzugefügt werden. Was zeitlos ist, kann in einen Zeitabschnitt ungestört Platz finden. Wann wird das Abtippen fertig sein? Allah hu alim. Der Herbst wäre passend. Die Lebensenergie beruhigt sich. Blätter fallen zu Boden. Das wäre ein passender Zeitpunkt für die Beendigung der abgetippten Seiten. Digitale Seiten werden wie das abgeworfene Herbstlaub auf den Frühling warten, um zu in anderer Form wieder zu blühen und Menschenherzen mit Liebe und Haqq zu weiten. Fatiha.

Mittwoch, der 26.8.2015

Handgelenksgewichtshadra.

9 Uhr 55. Eine schwarze Feder habe ich heute bei der Arbeit gefunden. Sie ist aber nicht vollkommen schwarz, sondern hat auf der rechten Seite sieben blauweiße Strähnen. Auf Facebook habe ich einen post einer Indianerin gelesen, in dem es irgendwie auch um gefundene Federn als Zeichen ging. Ich werde mal eine Kollegin fragen, was sie dazu sagt.

10 Uhr 51. Es soll sich um die Feder eines Eichelhähers handeln. Ich fragte um die Bedeutung. Der Eichelhäher soll ein Räuber sein. Ich fragte die Kollegin, welche Botschaft da für mich ist. Ich werde mal einfach mein räuberisches Verhalten beobachten und versuchen, zu trainieren. Ein Räuber ist man auch energetisch, wenn man die Energie von anderen absaugt.

Donnerstag, der 27. 8. 2015

10 Uhr 12. Von einem Waffenladen habe ich geträumt. Es hatte in dem Traum mit Pfeilen zu tun. Es gibt in der Nähe ein Waffengeschäft. Dieses Geschäft hat eine Packung mit 5 Pfeilen für 40 Euro im Angebot. Keine Ahnung, was Allah mir mit diesem Traum sagen will, doch ich werde das als Zeichen nehmen, heute zu dem Waffengeschäft zu gehen und zu fragen, wie

lang die Pfeile sind. Geld habe ich heute Morgen von der Bank abgehoben. Ich folge den Zeichen. Elhamdulillah.

11 Uhr 16. Wenn keiner dem Licht folgt, befinden sich alle im Dunklen.

12 Uhr 52. Ein weißer Schmetterling ist gerade an mir vorbeigeflogen. Das erinnert mich an eine Situation vor zwei Tagen morgens beim Späti. Ich erzählte dem Bruder von etwas Schönem, dass ich auf Facebook gesehen hatte, nämlich dem Video einer Gruppe namens Osmanli Okcu Tekkesi Kanada, also Osmanisches Bogenschießen Kanada. Das hat mir so viel Licht in das Herz gegeben. Elhamdulillah. Immer, wenn ich nicht sehe, wie es in dieser Bogenschießsache weitergeht, kommt ein Zeichen, das wie ein Auftanken ist. Dann geht es aufgetankt weiter.

Nach Feierabend. Herzklopfen. Ich hatte schon fast die Tram gesehen, als ich bemerkte, dass ich mein Notizbuch und die Tesbih verloren hatte. Es sah nach regen aus und wäre ich nicht zurückgegangen, um mein Notizbuch auf der Arbeitsstelle zu suchen, wären die Notizen eines Monats höchstwahrscheinlich verloren gewesen.

Elhamdulillah. Ich habe beides aber gefunden. Erleichtert sitze ich nun auf einer Bank am Plötzensee, während winzige Tropfen vom Himmel fallen. Manchmal muss man zurückgehen, um nach Verlorenem zu suchen. InshAllah findet man es dann wieder. In die Vergangenheit zu gehen, um etwas Wertvolles zu suchen, hat manchmal Sinn für die Gegenwart. Wenn es so ist, so gibt Allah schon Zeichen und Energie für diesen Gang. Elhamdulillah.

Montag, der 31.8.2015

8 Uhr. Leicht erkältet bin ich. Am Freitag nach dem Sema kam ich auf die glorreiche Idee, mich mit dem Rücken zum offenen Fenster hinzusetzen. Durch den Zug bin ich jetzt etwas verschnupft. Elhamdulillah. Heute Abend wird der Ashure Tag vom letzten Jahr im Ersten ausgestrahlt. Mal sehen, was daraus wird. Der September steht an und ich habe so das Gefühl, dass dieser Monat mit noch mehr Prüfungen für die Menschheit aufwartet. Elhamdulillah. Jede Prüfung birgt Lernen und damit Wachsen in sich. Wohin zu wachsen ist auch eine Entscheidung. Selbst im Fallen gibt es Unterschiede und Abstufungen.

13 Uhr 26. Die Flüchtlingsproblematik bietet Möglichkeiten. Mit 10 Euro im Monat habe ich eine Patenschaft für einen syrischen Flüchtling übernommen. Ein Berliner Verein gibt den Flüchtlingen Deutschunterricht, macht mit ihnen Behördengänge und andere Dinge. Das ist eine Sache, die in mein Herz kam. In den Zeitungen ist diese Problematik überall und man kommt in Deutschland damit überall in Berührung. Alles, was dich berührt, zeigt Wirkung. Jetzt hat man die Wahl zwischen Ablehnung und Helfen. Nur, wem diese Sache nicht berührt, der bleibt neutral. Tote Herzen sind neutral. Ich kenne keinen, der nicht irgendetwas zu diesem Thema zu sagen hat. Vier Schwestern wollen einmal in der Woche bei einem Auffanglager helfen. Mal sehen, wo Allah uns helfen lässt. Zu helfen ist ein Segen. Man könnte ja auch der sein, der diese Hilfe braucht.

Dienstag, der 1.9.2015

Er und Sie

Er belügt sich.

Sie belügt sich.

Lüge gesellt sich zu Lüge und gebärt Lüge.

Er belügt sie.

Sie belügt ihn.

Die geborene Lüge zeigt das Wahre.

Er trennt sich von ihr.

Sie trauert ihm hinterher.

Wer dem Licht nicht folgt, befindet sich irgendwann im Dunkeln.

Tränen in der Dunkelheit glitzern nicht und gebären keinen Regenbogen.

Die Seele dieser Frau trägt schwarz und am weitesten weg von dreht sich ein ganz in weiß gekleideter Derwisch im Licht der Sonne seines Herzens. Tränen der Liebe zu seinem Schöpfer laufen seinen Wangen hinunter und das Licht seines Herzens lässt sie in Regenbogenfarben schimmern.

11 Uhr 28. Ziemlich erschöpft fühle ich mich. Verschnupft bin ich und habe nur 3 ½ Stunden geschlafen. Gestern um 23 Uhr war die Ausstrahlung des Beitrages im Fernsehen und ich bekam Recht. Das hatte ich die ganze Zeit gefühlt. Ein Jahr musste ich auf die Antwort warten. Der Derwisch hat sich nicht aus seinem Ego heraus Hadra beim Sema gemacht. Mit diesem Gefühl des Rechtes verlängere ich also meinen Dienst in der Fabrik bis zum Ende dieses Jahres. Dann wird weitergesehen. Schließlich muss ein wahrhaftiger Diener auch von Allah gezeigt bekommen, dass der den zu Bedienenden des Dieners auch würdig ist. Dienerzeit. Dienstzeit. Die Endzeit.

Schwarze Sonne

Das Herz ist fast schwarz. Kalter Blick. Sich selbst belügend. Wahrheit erhellt, doch ein dunkles Herz flieht davor. Kalte Augen müssen strahlende Augen erniedrigen, um so die Sicht zu trüben. Unter den Blinden ist der Einäugige König. Oh, du einstmals Schöne mit den nun traurigen Augen, erwarte nicht, dass lichtvolle Männeraugen dich emporheben, wenn du selbst dich in die Dunkelheit gestürzt hast.

Donnerstag, der 3.9.2015

10 Uhr 28. Leuchtpfeile für den Mahdi?

Vorgestern hatte ich über die Verschwendung durch die Coffee to go- Becher gelesen. Dann habe ich mit einer Kollegin darüber geredet. Auf der Arbeit kam dieses Thema dann im Radio und gestern im Fernsehen. Ich sagte gestern zu der Kollegin, dass ich das als Zeichen sehe, da ich selbst viel coffee to go trinke. Ich bin dann am Vortag zu ein Kaufhaus gegangen und wollte mir so einen Becher aus Keramik kaufen. Der erste, auf den mein Blick fiel, war einer für 3 Euro mit einem Spruch von Antoine de Saint- Exupery aus „ Der kleine Prinz" mit einem schönen Motiv. Den Becher kaufte ich mir. Heute ist dieses Thema immer noch aktuell und ich sehe, dass dieser Becher auch noch um 10 Euro reduziert wurde. Elhamdulillah.

„ Weshalb seid ihr hier?" fragte mal ein Bruder in der Fabrik. Diese Frage hat mehrere Ebenen. Allah gedenken kann man überall und Sufi Gemeinschaften gibt es in Berlin mehr, als ich dachte. Meine Antwort war:" Wegen der guten Serienempfehlungen." Das war sogar

ernst gemeint. Der eigentliche Grund ist der Auftrag, den der Scheich hat; das Interreligiöse. Das liebe ich auch und empfinde diese Arbeit als sehr wichtig. Deswegen werde ich auch einen Brief an die Guttempler schreiben, in dem stehen wird, wer wir sind, was wir machen und ob sie uns mal einladen würden. Von nichts kommt nichts. Wer sich höflich vorstellt, dem wird inshAllah Raum gegeben. Der Impuls kam beim Späti. Einer der Brüder dort meinte, dass zu viel mit den Pfandflaschen zu tun hat. Das mache ihm nur Arbeit, bringt kein Geld und von ihm aus könnte eine Flasche Bier ruhig 3 Euro kosten. Das mit dem Alkohol nehme zu, meinte er. Wenn einer, der einen guten Überblick über den Verkauf von Alkohol das sagt, kann man das als Zeichen dafür sehen, dass die Wege aus der Sucht optimiert werden können. Tamam. Mal sehen, was meine Wenigkeit in dieser Richtung ausrichten an und das Gelingen liegt bei Allah.

Freitag, der 4.9.2015

7 Uhr 35. Eine Leuchtnocke kostet 20 Euro. Ich bräuchte für etwas, das in meinem Herzen ist, fünf davon. Dann wird noch etwas mehr Licht in Form von Neonknickstäben oder Leuchtkabel gesucht, das man inshAllah zum Schriftzug Bismillah formen kann oder wenigstens die Kurzform davon.

Dienstag, der 8.9.2015

Mittwoch, der 9.9.2015

20 Uhr. Die Zeitung, welche ich heute auf der Arbeit las, war interessant. Eine Soderbeilage auf Arabisch war dabei, welche man Flüchtlingen geben soll. In der Sonderausgabe sind Adressen und deutsche Sätze auf Arabisch. Das hat mich gefreut. Ich mache jetzt Hadra mit la ilahe illa llah und der Absicht, dass mit jedem la ilahe illa llah Allah einen Engel erschafft, der jedem Leser der Sonderausgabe Licht, Liebe und Frieden in das Herz gibt.

20 Uhr 32. In der Zeitung gab es einen Artikel über Facebook sowie Hass und Hetze in diesem Netzwerk. Ich verstehe dieses verbieten wollen nicht so richtig. Für mich ist Facebook nur eine von vielen Welten.

Facebook

Hier kann man sein Ego erziehen. Mehr als in der realen Welt, hat man hier die Chance des Wartens und Nachdenkens. Man kann über das nachdenken, was man eintippen möchte und das ist leichter zu kontrollieren, als gesprochene Worte. Wie im richtigen Leben kann man auch hier schauen, mit wem man befreundet ist. Wer von den Freunden tut einem gut und von wem sollte man sich trennen. Wie ist das Facebook- Umfeld? Seine Gefühle kann man bei Facebook auch gut trainieren. Es ist ja eine Welt der Informationen und diese lösen in einem etwas aus. Man kann bei sich diese Gefühle beobachten und über sie nachdenken. Schwarzer Spiegel. Black Mirror. Anderen helfen kann man auch bei Facebook. Ist jemand traurig, kann man ihm Trost schreiben. Gutes kann man verstärken und Negatives reduzieren. Training. Erziehung. Von sich ein gutes Bild nach außen abgeben kann man hier lernen. Wer das hier schafft, kann das in der Realität besser umsetzen. Verbote gegen Hetze von oben sind eine Lösung. Verbote gegen Hetze aus den Herzen ist eine bessere. Der Koran läuft bei diesem Niederschreiben als CD im Hintergrund und doch ist es der Kern. Die Lautstärke ist gering. Ich bitte Allah darum, dass der Segen dieses Koranhörens in jede deutsche Wohnung kommt und Licht die Dunkelheit vertreibt. Fatiha. Ein anderer Zeitungsbericht befasst sich mit der liberalen Neuausrichtung der katholischen Kirche. US- Kardinäle scheinen gegen Papst

Franziskus wegen seines Kurses zu rebellieren. Die Gegenoffensive soll gerade erst beginnen. Am 22. September soll Papst Franziskus in Washington seine schärfsten Kritiker treffen. Da bin ich mal gespannt.

Eine dunkle Wolkendecke speichert Sonnenlicht. Irgendwann wird die Sonne die Wolkendecke auflösen wie einen Schaumteppich. Die einzelnen Wolkenfäden werden vom Licht auseinander gezogen werden und das in der Wolkendecke eingehüllte Licht mit dem Regen befreit. Die liebevolle Umarmung der Wolken ist vorüber. Es segnet nun auf die Erde. So ist es mit dem Menschen, wenn sein Herz die Liebe von Allah wahrnimmt. Die Liebe von Allah ist immer da, da es ja nur Ihn gibt. Was passiert mit dem Tropfen, wenn er wieder in den Ozean fällt? Was passiert mit dem Ego, wenn es glaubt, zu sein, und dann aufgelöst wird in Ihm und dann wieder ein Ego erschaffen wird? Dieses Ego ist nun ein anderes. Erschüttert von der geschmeckten vorewigen Größe ist die Demut des Egos absolut und der Gehorsam gegenüber Ihm einziges Gebot. Die Sehnsucht nach dem ewigen Meer aus Licht ist die einzige Richtung, der eine Weg. Dieses bewusste Ego ist nun eher wie eine Wolke und schwebt über den irdischen Dingen, nur Den suchend, Der die Sonne strahlen lässt. Elhamdulillah.

Donnerstag, der 10.9.2015

10 Uhr 9. Wie sieht es mit dem Osmanischen Bogenschießen aus? Am Sonntag war ja wieder Training und der Hodscha sagte, dass fast in der gleichen Straße eine andere Bogenschießgruppe sich gegründet hat. Diese Gruppe hat einen anderen Hintergrund und die Leute dort sind einem größeren islamischen Verband angehörend. Das ist mir egal. Ich finde schön, dass das Bogenschießen von den Muslimen in Deutschland verstärkt aufgenommen und praktiziert wird. Es ist eine spirituelle Praxis und je mehr Menschen diese praktizieren, desto mehr Licht kommt in die Welt. InshAllah. Die aufgezeichnete Veranstaltung mit Bahaudin Efendi muss noch geschnitten werden, da wegen der Ferien keine Zeit dafür da war. Elhamdulillah. Wenn das fertig ist, geht es damit noch mal auf Facebook rein. Diese Verbindung von Tariqqa und Bogenschießen ist sehr stark und anziehend. Es hat einen besonderen Geschmack.

Freitag, der 11.9.2015

7 Uhr.

Facebook 2

Jemand, der auf Facebook öffentlich gepostet hat, dass er sich freute, als ein dreijähriger Junge Richtung Europa ertrank, wurde von Menschen kritisiert und hat seinen Arbeitsplatz verloren. Ich denke darüber nach. Es wird in der digitalen Welt eigentlich leicht gemacht, sich voll im Licht darzustellen. Dieser Mensch hätte seine persönliche Meinung zu den gestorbenen Jungen für sich behalten können und etwas Schöneres posten können. Ein kleiner Wechsel des Blickwinkels hätte gereicht und dieser schöne Blickwinkel hätte mehr Licht in den Worten dieses Menschen transportiert, als die Freude über das Ertrinken eines Menschen. Wer ist schon gerne mit einem Menschen zusammen, der sich über den Tod anderer freut? Wer wendet so einem Menschen voller Vertrauen den Rücken zu? Möge Allah uns vergeben und uns die Kraft geben, anderen Menschen ein glückliches und friedvolles Leben zu wünschen. Fatiha.

7 Uhr 24. Elhamdulillah. Freude durchflutet mein Herz. Ich pflanze gerade die Herbstbepflanzung. Neben dem Grab, das ich bepflanze, ist eines, dessen Grabstein den Namen eines Himmelgestirns ziert. Auf diesem Grabstein ist der Spruch „ Und wenn du dich getröstet hast, wirst du froh sein, mich gekannt zu haben."   Antoine de Saint Exupery

Elhamdulillah. Der Coffee to go- Becher aus Keramik, den ich mir gekauft habe, hat auch einen Spruch von Antoine de Saint Exupery aus „ Der kleine Prinz" darauf, so wie Sterne. Ja, die Heiligen. Ich bete eine Fatiha für die hier Begrabenen und für Antoine de Saint Exupery, Friede auf ihm.

7 Uhr 51. Ab jetzt mache ich la ilahe illa llah Zikir mit der Bitte an Allah, dass er inshAllah mit jedem la ilahe illa llah einen Engel erschafft, der jedem Menschen, welcher Antoine de Saint Exupery liebt, Licht, Liebe und Salam in das Herz gibt und ihn zu der Gemeinde des Propheten Mohammed, Friede sei auf ihm, zählt.

Montag, der 14.9.2015

10 Uhr 3. Heute ist jüdisches Neujahr. Beim Neujahrsfest Rosch ha- Schana (der Kopf des Jahres) isst man in Honig getunkte Apfelscheiben, damit das neue Jahr gut und süß wird. Als ich das in der Zeitung las, pflückte ich auf der Arbeit einen Apfel, schnitt ihn in der Pause in Streifen und aß die Scheiben, nachdem ich sie in Honig getunkt hatte. Ich bat Allah für ein süßes und gutes neues Jahr für alle Freunde des Roten Derwisches.

20 Uhr. Müde bin ich, muss aber noch die Gebete machen und schreiben. Am Freitag in der Fabrik hatte ich mich mit einem jüdischen Bruder über den Chassidismus unterhalten. Wir kamen auf Martin Buber und das Jubeljahr zu sprechen. Heute lese ich in der Zeitung über Rosh ha- Shana. Eine chassidische Geschichte fällt mir noch ein, die hier noch unbedingt niedergeschrieben werden soll.

Die Äpfel

Eine arme Äpfel Händlerin, deren Stand nah am Hause Rabbi Chajims war, kam einst klagend zu ihm:" Unser Rabbi, ich habe noch kein Geld, um für den Sabbat einzukaufen."

„ Und dein Äpfel Stand?" fragte der Zaddik.

„ Die Leute sagen" antwortete sie, „ meine Äpfel seien schlecht und wollen keine kaufen."

Sogleich lief Rabbi Chajim auf die Gasse und rief:" Wer will gute Äpfel kaufen? Im Nu sammelte sich die Menge um ihn, die Münzen flogen unbesehen und ungezählt herbei, und bald waren alle Früchte zum doppelten und dreifachen Preis verkauft. „ Sieh nur", sagte er zur Frau, als er sich zum Gehen wandte" deine Äpfel waren gut, die Leute haben es nur nicht gewusst".

Das ist eine schöne Geschichte aus „ Die Erzählungen der Chassidim" von Martin Buber, Friede auf ihm.

Dienstag, der 15.9.215

Das weiße Schiff

Der Derwisch weiß, dass dieses Schiff untergehen muss. Das weiße Schiff kämpft gegen den Sog der schwarzen Flüssigkeit, doch das Ende des Schiffes ist vorherbestimmt. Schnell nimmt der dunkle Kaffee das Zuckerschiff auf. Das weiße Schiff geht unter. Süße gesellt sich zur

Stärke. „Elhamdulillah" denkt sich der Derwisch und trinkt den Kaffee für alle Diener von Allah, die Kraft und Süßes brauchen. Als der Kaffee ausgetrunken ist, sieht sich der Derwisch die Tasse an. „ Die Sterne führen Dich!" steht auf der einen Seite. Auf der anderen kann man lesen" für die einen, die reisen, sind die Sterne Führer. Mein Stern wird für dich einer der Sterne sein. Denn dann wirst du all die Sterne gern anschauen… sie alle werden deine Freunde sein."   Der Kleine Prinz

Nach Feierabend. Auf einer sitze ich und warte auf die Tram. Ich freue mich auf die drei Stationen Fahrt, denn wenn ich nach der zweiten Station nach links aus dem Fenster sehe, erblicke ich einen drehenden Derwisch auf einem großen Plakat. Das Foto für das Plakat wurde am Ramadan auf dem Leopoldplatz aufgenommen. Der Derwisch auf dem Plakat ist der Rote Derwisch. Das Plakat ist Teil eines Wettbewerbes. Elhamdulillah. Allah ist barmherzig und lässt mich schön erscheinen. Möge Allah alle, die diesen Derwisch sehen, zu Großscheich Nazim zählen. Fatiha.

Mittwoch, der 16. 9. 2015

9 Uhr. Viele aus der Gemeinschaft machen die Hadsch. So, wie ich es verstanden habe, sollte man vorher alle, die man verletzt hat, um Verzeihung bitten und versuchen, alle Unstimmigkeiten zu bereinigen. Das wäre mir persönlich auch wichtiger, als die Hadsch. Manchmal ist eine Pilgerfahrt nichts anderes als eine Flucht vor einem klärenden Gespräch unter vier Augen. Es ist für das Ego leichter, sich bei Allah, den man nicht sieht zu entschuldigen, als sich dem Blick eines Menschen auszusetzen, den man verletzt hat.

Freitag, der 18.9.2015

10 Uhr. Elhamdulillah. Momentan sitze ich auf einer Couch in Polen und schreibe dies. Das polnische Geld ist interessant. Auf den Scheinen sind überall Könige abgebildet. Elhamdulillah. Diese Reise steht im Zeichen der Pferde. Einen Tag vor der Reise sah ich in einer Vision ein braunes Pferd und in den Wolken einen Pferdekopf. Gestern sind wir angekommen, als es Abend war. Wir begrüßten die Eltern des polnischen Bruders und redeten eine Zeit lang. Zu dritt sind wir nach Polen gefahren, doch das Haus, indem wir drei übernachten würden, lag noch etwas entfernt. Mit dem Auto musste noch ein Stück gefahren werden. Also gingen wir alle drei nachts raus und die zwei Pferde des Hofes waren links zu sehen. Beide waren braun. Ich streichelte beide und war glücklich, denn meine Ahnung wurde bestätigt. Mutter und Tochter sind die Pferde. Elhamdulillah.

Samstag, der 19.9.2015

9 Uhr 30. Elhamdulillah. Wer weiß schon, was der Morgen bringt? Allah natürlich. Heute werde ich mit den beiden Brüdern das Dach eines Stalles ausbessern. In diesem Stall sind die zwei Pferde, welche wir gestern in einer mehrstündigen Aktion hierher geführt hatten. Der polnische Bruder sagte gestern, dass dieses Führen der Pferde auch zur Kavallerieausbildung gehört. Er hat uns auch gezeigt, wie man Pferde mit Äpfeln füttert, ohne dass die Finger verletzt werden. Das und vieles mehr über die Eigenschaften von Pferden hat er uns bei der Überführung der Pferde erzählt. Durch dieses Führen an der Leine habe ich zum ersten Mal ein tieferes Wissen über das Wesen Pferd bekommen. Elhamdulillah. Pferde haben ja ein sensibles Wesen. Sie merken, ob der Reiter gesammelt ist oder nicht. Der polnische Bruder erzählte, dass ein Pferd nur zwei Ziele hat, nämlich Futtern und Fortpflanzung. Der Reiter sollte schon noch ein höheres Ziel haben, sonst kommt das Pferd zum Schluss, dass es ja auch sonst seine eigenen Ziele verfolgen kann. Das klingt ziemlich logisch für mich. Man hört

doch nicht auf jemanden, der nur die eigenen niederen Ziele verfolgt, sondern jemandem, der ein höheres Ziel hat. Dieses erhabene Ziel veredelt und so folgt man dem Adel der Seele. Das Höchste und einzige Ziel ist Allah. Ich schreibe und schreibe und weiß nicht genau, warum. Doch Allah zu preisen, ist sowieso das einzig Nützliche, da es das einzig wahre ist. Haqq. Schriftliches Zikir. Elhamdulillah. Der zweite Bruder ist wach geworden und macht sich frisch. Bald wird es also mit dem Ausbessern des Scheunendaches losgehen. InshAllah. Viel Kreativität ist mit der Polenreise verbunden. Jetzt, da wir hier sind, schaue ich natürlich auch, was man hier machen kann und eines ist sicher, nämlich, dass dieser Ort für das Bogenschießen ideal ist. Alle drei Fertigkeiten, die der Prophet Mohammed, Friede sei auf ihm, seinen Anhängern aufgetragen hat, den Kindern beizubringen, kann man hier lernen. Das wären Bogenschießen, Reiten und Schwimmen. Mitten in der Natur ist das Haus. Die Eltern des polnischen Bruders sind auf dem gleichen spirituellem Weg und haben die Erlaubnis du den Auftrag, in Polen das den Leuten näherzubringen. Hier in Polen muss man auch etwas anders vorgehen. Dass das Land katholisch ist, ist eine Sache. Die andere ist der momentane Bezug der Polen zum Islam. In Polen haben wir getankt und dabei habe ich mir die Zeitschriften an der Tankstelle angesehen. In den polnischen Printmedien sind die Flüchtlinge Thema Nummer Eins und mit ihnen verbunden wird der Islam als Gefahr dargestellt. Da haben die Macher der Zeitschriften gar nicht mal Unrecht. Der Islam ist eine Gefahr für das niedere Ego, denn Islam bedeutet Ergebenheit gegenüber Gott.

Sonntag, der 20.9.2015

9 Uhr30. Elhamdulillah. Heute geht es zum Vorderladerschießen. Ich habe einige Videos davon gesehen und den polnischen Bruder gefragt, was man dabei anzieht. Auf Arbeitskleidung hatte ich getippt, weil das ein natürliches Gelände ist. Der Bruder sagte mir, dass es ein Gentleman- Hobby ist. Früher hätte man mit Zylinder geschossen. Tamam. So sitze ich jetzt in meiner besten Kleidung im Sessel und schreibe dies nieder. Die beiden Brüder schlafen noch. Die zwei Pferde habe ich fotografiert und werde auch das Vorderladerschießen fotografieren. InshAllah. Die vornehmste Kopfbedeckung, die ich dabei habe, ist tatsächlich der Fes. Von den Informationen, die ich habe, müsste ich eigentlich diesen beim Schießen tragen. Mal sehen, was der Bruder dazu sagt. Jetzt mache ich erst einmal mein Morgenzikir.

Montag, der 21. 9.2015

13Uhr 27. Elhamdulillah! Das Vorderladerschießen gestern war interessant. Mein erstes Mal. Der Schießstand war schön und es hat ziemlich lang gedauert. Man muss ja beim Vorderladerschießen viele Dinge erledigen, bevor man schießen kann. Schießpulver rein und dabei das Gewehr mit dem Fuß ruckartig auf und ab wippen, damit das Pulver sich im Lauf verteilt. Dann nimmt man ein Stück Stoff, tunkt es in so etwas wie fett und legt es auf die Mündung. Auf dieses Stück Stoff wird die Kugel gelegt. Die Kugel wird reingeklopft, mit einem Stab bis ganz nach unten geschoben, entsichert, gezielt und geschossen. Dann steht man in einer Wolke, die mich an Sylvester erinnert. Das Vorderladerschießen wurde unter großen Sicherheitsvorkehrungen absolviert, da es gefährlich ist. Anders als bei den heutigen meist benutzten Patronen ist der Schaden durch so eine Kugel größer. Was ich vom Vorderladerschießen mitgenommen habe, ist die Kontrolle über die Worte. So, wie man beim Schießen aufpasst, sollte man über gesprochene Worte aufpassen, noch besser natürlich über Gedanken und Emotionen.

Dienstag, der 22.9.2015

9 Uhr 23. Elhamdulillah. Lange geschlafen. Nicht wirklich viel gemacht. Dinge organisiert. Zum Abend hin aber noch gelernt, ein Pferd zu reiten. Dann zu den Eltern des polnischen Bruders und Zikir gemacht. Nun, wo das hier geschrieben wird, sind die Pferde versorgt und ich warte noch, bis ich die Brüder wecke. Heute wollen wir zwei Mal reiten, jetzt und am Abend. Der weitere Plan für Polen sind der Besuch eines polnischen Naqshibandi, der in Polen eine gewisse Bekanntheit hat und der ältesten Moschee Polens, welche bei den polnischen Tartaren steht. Elhamdulillah. InshAllah. Ich gehe jetzt raus und sehe nach, ob die Pferde noch mehr Wasser brauchen.

9 Uhr 37. Wasser haben die Pferde. Als ich bei den Pferden war, habe ich gleich Sema gemacht und beim Drehen habe ich gemerkt, wie mein Reitpferd mich dabei beobachtet hat. So etwas hat das Pferd namens Mela bestimmt noch nie gesehen. Ich muss hier in Polen ab und zu an etwas denken, dass ich auf Facebook gelesen habe. Wenn in einem Stamm die sensibelste Person seelisch erkrankt, kuriert der Schamane den Stamm und nicht den Hochsensiblen. Diese Information scheint sehr wichtig für mich zu sein, da sie mir immer wieder in das Herz kommt. Jetzt mache ich noch inshAllah das Morgenzikir und dann geht es hoffentlich los mit den Brüdern.

28.9.215

Sechs Tage sind seit dem letzten Schreiben vergangen. Heute Morgen war der Blut Mond gut sehbar. Wirklich beeindruckend.

Dienstag, der 29.9.2015

13 Uhr 34. Die polenreise war unglaublich. Den Tag vor einer Woche haben wir wirklich nur mit den Pferden zugebracht. Elhamdulillah. Bei mir war das Pferd erst an der Leine, dann ohne und im Trab und später etwas schneller. Sehr schön. Abends haben wir noch bei den Eltern des polnischen Bruders Zikir gemacht. Den Mittwoch drauf haben wir gefastet, Bogen geschossen, wobei die beiden Pferde hinter uns angeleint waren und das Reitpferd sich an das Geräusch der Bögen gewöhnen sollte. Wir hatten am Tag vorher bemerkt, dass das Geräusch der losgelassenen Sehne das Pferd erschreckt. Nachdem die Pferde an die Geräusche des Bogenschießens gewöhnt waren, ritten wir ein Mal. Das Gefühl nachdiesem Reiten war ganz besonders. Gereinigt fühlte ich mich und mit Licht erfüllt. So ein Gefühl der gelassenen Stärke hatte ich noch nie. Am nächsten Tag sollte es zu den Tartaren im Osten Polens gehen. Donnerstag war also den Tartaren gewidmet. Nach knapp 4 ½ Stunden Autofahrt erblickten wir die erste Moschee der Tartaren. Das Gebet hatte schon begonnen und die Moschee war voll. Feiertag. Alle Menschen waren in ihrer besten Kleidung. Sehr schön war die Moschee. Aus Holz war die Moschee, eckig und sehr geerdet fühlte ich mich in ihr. Nach dem Gebet kamen die tatarischen Frauen herunter und zum Imam, der die mitgebrachten Lebensmittelgeschenke spendete, welche dann an die Leute verteilt wurden. Süßigkeiten wurden verteilt. Tüten mit süßen Leckereien wurden herumgereicht und angeboten. Wir grüßten einander, während mein polnischer Bruder immer wieder sagen musste, dass ich kein Polnisch verstand. Die Frauen waren alle ohne Kopftuch und wir wurden oft mit diesem angedeuteten Wangenkuss begrüßt. Wir drei fielen ganz schön auf. Der polnische Bruder mit Turban, ich mit Fes und der ägyptische Bruder mit seiner Lenny Kravitz- Frisur. Durch das Verteilen der Süßigkeiten ergab sich notwendigerweise, dass wir fast mit jedem Menschen in der Moschee in Kontakt kamen und damit an einen besonderen Menschen. Ein älterer Herr begrüßte uns überschwänglich und fragte uns, woher wir kommen und mehr. Der polnische Bruder sprach mit ihm und fragte ihn, ob er Scheich Abdullah Dagestani, Friede auf ihm,

kenne. „Ja.": antwortete der ältere Herr. Vor der Reise zu den Tartaren rief mich ein albanischer Bruder an. Ich sagte ihm, wohin wir fahren wollten und er sagte zu mir:" Geht in die Moschee, betet dort, wendet euch an den ältesten Mann, gebt ihm Salam und fragt ihn, ob er Scheich Abdullah Dagestani kennt! Er wird euch dann die Türen öffnen." So kam es auch. Der ältere Herr sagte, dass es in einem anderen Ort auch eine Moschee gebe und der Imam dort sein Schwiegersohn sei. Zu diesem sollten wir nach der Zentrumsbesichtigung fahren und ihm Salam vom Schwiegervater geben. Doch zuerst zur Zentrumsbesichtigung der Tartaren. In der Moschee wurde vom Imam nach dem Gebet darauf hingewiesen, dass das fertig gestellte Zentrum heute besichtigt werden konnte und wir gingen den Menschen dorthin hinterher. Nach einigen Minuten waren wir dort. Die Gebäude waren im tatarischen Stil gebaut, doch im Innern sehr modern. Es waren dort Räume für die Totenfeiern, Seminare, Ställe, Gebetsräume und mehr. Auf dem Gelände war ein Festplatz, damit dort die Feiertage und Feste gemeinsam gefeiert werden können und sich die Gemeinde nicht gleich wieder zerstreut. Die Führung durch das Zentrum begann, bei der ich fast verheiratet worden wäre. Da spaziert also ein deutscher Derwisch inmitten einer tatarischen Menge, während er dem übersetzendem polnischen Bruder zuhören musste, bis schließlich wieder der ältere Herr aus der Moschee da war und irgendetwas dem polnischen Bruder fragte. Dieser wendete sich zu mir und sagte:" Der ältere Herr hat gefragt, ob wir beide unverheiratet sind. Ich habe verneint und dann hat er gesagt, dass diese blonde Frau auch unverheiratet ist und ob du sie heiraten willst?"

„Ja, klar!" oder etwas in der Richtung antwortete ich dem polnischen Bruder etwas ironisch, da ich dachte, dass er mich aufziehen wollte und ließ mich von der Menge weitertreiben.

„Er meint es ernst, glaube mir!" beharrte der polnische Bruder. Irgendetwas wurde dann in Bewegung geredet. „Jetzt geht er zu den Eltern der Frau." Sagte der Bruder und das alles war irgendwie seltsam. Jedenfalls schaffte ich die Führung durch das Zentrum der Tataren ohne verheiratet zu werden und weiß nun, wo man hin sollte, wenn man schnell heiraten will. Später bestätigten beide Brüder, dass die Frau sehr schön war, doch ich hatte sie gar nicht gesehen. Der Besuch bei den Tataren war besonders. Kontakte wurden geknüpft. Von da ging es zur zweiten Moschee und anschließend zu einem tatarischen Restaurant, wo wir zu Abend aßen. Dann ruhten wir uns für knapp eine Stunde aus und fuhren nach Warschau.

Am Freitagmorgen kamen wir in Warschau an. Geschlafen hatten wir bei einer Bekannten des polnischen Bruders. Vor dem Jumah-Gebet gingen der polnische Bruder und ich zudem Hauptquartier der Veteranen des Warschauer Aufstandes. Danach führte der Weg uns beide zum Jumah- Gebet in eine Moschee in der Nähe des Botschaftsviertels, wo wir uns mit einem polnischen Sufi trafen, der in Polen seit Jahren Hismet machte und einen gewissen Bekanntheitsgrad hatte. Der Weg zurück zur Unterkunft zog sich wegen dem Verkehr hin und als wir endlich nagekommen waren, hatten wir auch schon für den Abend eine Verabredung, bei der ich zum zweiten Mal auf dieser Reise verkuppelt werden sollte. Vor dem Essen im Restaurant stand noch ein Museumsbesuch auf dem Plan und nach diesem dann das Essen, bei dem wir eine polnische Adlige kennenlernen durften, welche eine Professorin an der Georgetown- Universität war. Beim Essen einer typisch polnischen Spezialität versuchte die Adlige die Kellnerin mit einem von uns dreien zu verkuppeln. Der polnische Bruder sagte zu mir, dass ich der Adligen meine E- Mail- Adresse geben sollte, da sie mehrere Frauen kennt, die Deutsch lernen wollen und so könnte man lernen und sich kennen lernen verbinden. Die Professorin soll einen guten Instinkt in dieser Hinsicht haben, erfuhr ich von ihm. Das Essen war lustig. Am nächsten Tag waren wir bei der adligen Professorin eingeladen und so endete

der eine Tag. Der Samstag war der letzte Tag in Warschau. Bei der Professorin aßen wir und danach fuhren wir zum Haus, wo die Pferde waren, schliefen dort knapp zwei oder drei Stunden, packten unsere Sachen und fuhren dann zurück nach Berlin, wo wir noch gerade zum Bogenschießen ankamen.

Jetzt ist Dienstag, der 1.10. 2015 und ich rekapituliere die Polenreise, wobei ich einiges hätte mehr ausführen wollen, andere Details besser nicht aufgeschrieben haben wollte und mich daran erinnere, dieses Notizbuch immer dabei zu haben und Erlebtes so schnell wie möglich niederzuschreiben.

11 Uhr 32 ist es jetzt und nach dem Ankommen im Jetzt kommt in mein Herz, dass ich der adligen Professorin meine E- Mailadresse inshAllah geben werde. Den Sufis vertraue ich in der Heiratsangelegenheit nicht noch einmal. So, wie in der Dergah erzählt wird, wie Mann und Frau zu sein haben, dürfte nie ein Paar zusammen kommen. Da hat so ein unvollkommener Mensch wie ich erst recht schlecht Karten. Man sollte schon wissen, wann die eigenen Karten zum Wegwerfen sind. Realistisch gesehen, erfüllt kaum ein Mensch diese Voraussetzungen. Da mir also die Voraussetzungen für die Heirat einer Dergah- Muslima fehlen, sehe ich mein Schicksal bei den polnischen Frauen. InshAllah. Die Professorin besucht in den nächsten Tagen Berlin. Ich werde sie dann inshAllah sehen und mit darüber reden. Man sollte eine Tür, die sich einem öffnet, nicht verschmähen oder zuschlagen. Ein Blick durch diese Tür könnte ja dazu führen, dass man die schönste Frau der Welt erblickt. InshAllah.

13 Uhr 27. Russland bombardiert Feinde von Assad. Ich muss meinen Notvorrat aufstocken.

Freitag, der 2.10.2015

11 Uhr 40. Berlin leuchtet! Möge mit diesem la ilahe illa llah Allah einen Engel erschaffen, der bis in alle Ewigkeit allen Berlinern Licht in die Herzen gibt! Fatiha.

Samstag, der 3.10.2015

18 Uhr 30. In der U- Bahn Richtung Wohnung höre ich „ Dead and gone" von T.I. . Bei dem polnischen Bruder habe ich mitgeholfen, den Dachboden für das Bogenschießen zu säubern. Elhamdulillah.

Sonntag, der 4.10.2015

Welttierschutztag.

Dienstag, der 6.10.2015

9 Uhr 1. Elhamdulillah. Heute ist eine Nachricht aus dem Vatikan in die Zeitung. Bei der Eröffnung der Bischofssynode zu Ehe und Familie sagte Papst Franziskus, dass das Gremium kein Parlament sei. Es ginge nicht um Konsens, sondern um eine Öffnung für den Heiligen Geist. Elhamdulillah. Nicht menschliches Wissen, sondern Göttliche Empfehlung soll also zu den Menschen gebracht werden. InshAllah. Dafür werde ich heute Abend Tevhid machen.

11 Uhr 35. Jahrtausendregen. Innerhalb von 48 Stunden fiel in South Carolina so viel Regen, wie in den drei Monaten zuvor zusammen. Manche Menschen sagen, dass das Kastensystem überholt ist und man Menschen nicht bewerten und in Schubladen stecken soll. Wenn jeder Mensch jedoch einzigartig ist, folgt daraus, dass ein Mensch eine Kaste für sich ist. Ein

Mensch ist anders als ein anderer. Diese Einzigartigkeit ist ein Wert, deshalb auch eine Bewertung.

Mittwoch, der 7.10.2015

7 Uhr 10. Was ist ein Hirte ohne Herde? Macht nicht erst die Herde den Hirten zum Hirten? Was ist ein Mensch, der sich Hirte nennen lässt, weil er mal einer war, jetzt jedoch keine Herde mehr hat? Wem vertraut Allah eine Herde an? Ist ein Scheich ohne Schüler Scheich? Ist ein Lehrer ohne Schüler nicht Verschwendung? Muss der Lehrer nicht zu den Schülern? Allah hu alim. Wenn jemand verletzt ist, eilt der Notarzt dem Verletzten zu Hilfe. Wir leben in einer schweren Zeit. Wenn man Hilfe braucht und der Arzt verlangt, dass man sich trotz Verletzung sich zu ihm schleppt, so suche ich mir einen wahren Notarzt. Das ist der Barmherzigere. Das ist der, welcher meinem Herzen näher ist. Nach dem Niederschreiben dieses Gedankenganges verstärken sich bei mir Kopfschmerzen, die ich schon seit dem Späti am morgen habe. Also gehe ich zu einem Brunnen und gieße kaltes Wasser aus einem Brunnen über meinen Kopf und bitte Allah darum, meinen Kopf von allen unreinen Gedanken zu reinigen. Jetzt, 10 Minuten später, geht es mir besser. Die Kopfschmerzen lösen sich wie Wolken unter Sonneneinstrahlung auf. Elhamdulillah.

Montag, der 12.10.2015

10 Uhr 38. Elhamdulillah. Der Winter naht. Der Abstand zum letzten Tagebucheintrag ist fünf Tage her. Eine kurze Zusammenfassung bis zum jetzigen Zeitpunkt ist daher notwendig. Das Osmanische Bogenschießen tritt immer mehr in das Bewusstsein der Berliner. Der Hodscha fragte vor zwei Wochen, ob einer von uns auf dem Sportplatz Bogenschießen geübt hatte, wo wir es einmal geübt hatten. Wir verneinten und er sagte, dass es dann welche waren, die uns dort einmal gesehen hatten und ohne Netz geübt haben sollen. Es wird also nachgeahmt. Elhamdulillah. Die am Bodensee wollen wohl auch irgendwas mit Bogenschießen machen. Das klingt aber weniger zielorientiert. Flyer sind jetzt fertig und werden bald zum Verteilen ausgegeben. Elhamdulillah. So weit, wie unsere Kontakte reichen, wird das inshAllah auch wieder neue Leute zu uns bringen. Elhamdulillah. Eine Schwester sagte zu mir, dass es den Hadith gibt, dass ein Bogen im Haus Segen bringt. Interessant. Das ist auch eine Ebene des Wissens. Wer Segen will, kann sich also einen Bogen besorgen oder bauen. Ich denke, dass ich das auf Facebook posten werde. Wessen Herz dieses Wissen mit Liebe berühren wird, weiß Allah allein.

13 Uhr 53. Elhamdulillah. Ein typisches Derwisch Wochenende liegt hinter mir. Ich war bei dem polnischen Bruder und dieser hatte zwei Übernachtungsgäste aus der Fabrik. Der Samstag war ein Tag voller Gespräche, einer spontanen E-Pianodarbietung und stiller Meditation auf einem Dachboden. Einfach treiben lassen hieß es für mich am Samstag. Elhamdulillah.

Dienstag, der 13.10.2015

14 Uhr 4. Nach Bombenanschlägen in der Türkei streiken linke Gewerkschaften dort ab gestern. Der negative Druck auf die türkische Regierung nimmt zu. Inwiefern ist negativer Druck auf aktuelle Zustände zulässig? Ist eine Verweigerung der Arbeit überhaupt produktiv? Es geht bei dem Streik der linken Gewerkschaften ja nicht um bessere Arbeitsbedingungen oder mehr Lohn. Der Kampf gegen eine für uns angesehene Tyrannei ist uns Gläubigen verboten. Wir sollen dann Geduld üben und für eine bessere Regierung beten. Wenn ich jemanden mit Gewalt vom Thron stürze, so ist auch mein Verlassen des Thrones

höchstwahrscheinlich durch Gewalt mein Schicksal. Die Türkei nähert sich dem Abgrund. „ Mörder! Mörder! " rufen einige Türken zu Erdogan und hören nicht die leise Stimme in ihrem Herzen, welche „ Salam" empfiehlt. Ab jetzt bis zum Feierabend mache ich la ilahe illa llah Zikir mit der Absicht, dass Allah inshAllah mit jedem la ilahe illa llah einen Engel erschafft, der den Menschen in der Türkei ihr Feuer in den Herzen löscht. InshAllah.

18 Uhr 23. Facebook- Eintrag von Roter Derwisch:

Bismillah ir rahman ir rahim. Heute steht für mich Osmanisches Bogenschießen mit der Absicht an, dass Allah inshAllah mit jedem Ya Haqq einen Engel erschafft, der die Menschheit in Licht taucht und sie erkennen lässt, dass Wissen zu Frieden führen sollte. Fatiha.

11 Leuten gefällt das.

19 Uhr 49. Elhamdulillah. Islands Zentralbank vermeldet, dass die Schulden vorzeitig zurückgezahlt wurden. Nicht nur die Notkredite von skandinavischen Ländern, welche Island nach dem Finanzcrash von 2008 erhielt, sondern auch die des Internationalen Währungsfonds. Sieben Jahre hat das gedauert. Nun ist das Jubeljahr für Island angebrochen. Drei Ex-Manager der Landsbanki wurden wegen Kursmanipulationen, verbotenen Insidergeschäften und Veruntreuung verurteilt. Elhamdulillah.

Ich mache Hadra mit Handschuhgewichten und la ilahe illa llah Zikir mit der Absicht, etwas für meine Figur zu tun, sowie, dass Allah inshAllah mit jedem la ilahe illa llah einen Engel erschafft, der die Isländer für ihr Tun bis in alle Ewigkeit Licht, Liebe und Salam gibt. Fatiha.

20 Uhr 15. Fertig mit Hadra. Jetzt ist mir warm. Elhamdulillah.

Samstag, der 17.10.2015

13 Uhr. Ich ruhe mich etwas auf einer Couch aus. Der gestrige Tag war sehr reich an Wissen. Unter anderem ging es in der Fabrik um die iranischen Pilger, die auf der Hadsch gestorben sind. Ich wusste bis gestern nicht, dass Iran die Toten zurückgefordert hat. Normalerweise wird jeder, der auf der Hadsch stirbt in Saudi- Arabien als Märtyrer begraben. Es wurde noch mehr von der Hadsch von Hadschis erzählt. Das spannendste war die Information, dass der pakistanische Botschafter vielleicht zum Zikir kommt. Ein rundherum schöner Abend war es mit neuen Leuten. Elhamdulillah. Der pakistanische Botschafter ist dann doch nicht gekommen. Viel Bewegung ist in der Welt. Der Papst hat um Entschuldigung für sexuelle Verfehlungen in der Kirche gebeten. Elhamdulillah. Ein Schritt in die richtige Richtung.

14 Uhr. Gerade habe ich einen Anruf von dem Musiker erhalten, mit dem ich immer die Auftritte als Derwisch mache. Morgen ist wieder eine Hochzeit, auf der ich als drehender Derwisch auftreten darf. Elhamdulillah. Der pakistanische Botschafter will nächsten Freitag zur Fabrik kommen. InshAllah. Anfang November gibt es eine größere Veranstaltung von den Royal Ottomanns vom Zwillingsbruder des Scheich. Da will ich als Zuschauer mit meinem Bruder inshAllah hin. Elhamdulillah. Für die nähere Zukunft sind also Teilziele zu sehen. Jetzt mache ich weiter mein Tageszikir. Noch 300-mal Allah leise und dann weiter mit 1500 mal Allah laut.

14 Uhr 20. Ich werde jetzt 2 Rakats für meinen Scheich und das Wiederherstellen seines Ansehens beten.

Erledigt. Müde bin ich. Ganz entspannt liege ich wieder auf der Couch und warte auf den polnischen Bruder, in dessen Wohnung die Couch steht. Ich lasse einen roten Stift über karierte Seiten eines Notizbuches gleiten, während am Fenster Köpfe vorbeiwandern. Menschen gehen durch mein Blickfeld. Von rechts nach links und von links nach rechts. Das Rauschen von vorbeifahrenden Autos dringt an mein Ohr. Meine Augenlider werden schwerer, wie die Last der Verantwortung, welche eine Schwangere mit näher rückendem Geburtstermin verspürt. Verantworten. Antworten. Worte. Sind Worte nicht auch Geborene? Sollte man nicht darauf achten, welche Worte man aus welchen Gründen in die Welt setzt? Allah hu alim. Kinder kann man erziehen, doch Worte? Worte kommen doch eher schon erwachsen in die Welt und wirken. Wie will man auf andere Menschen wirken? Möchte man jemand sein, der um Rat gebeten wird oder jemand, dessen Worte lächerlich und dumm klingen? Die Leute gehen draußen weiterhin an der Fensterscheibe vorbei, wie meine Gedanken an meiner inneren Sicht. Es ist Zeit für das Nachmittagsgebet.

China verbietet die Reinkarnation ohne staatliche Genehmigung. Moment. Moment. Wie bitte? China verbietet die Reinkarnation ohne staatliche Genehmigung. Wer die Reinkarnation verbietet, bezeugt sie. Wer an die Reinkarnation glaubt, sagt damit, dass der Mensch mehr ist, als nur der Körper. Somit glaubt er an die Seele. Was ist die Seele? Die Seele ist ein Geheimnis bei Allah. Wer bezeugt, dass die Seele einen Herrn hat, muss sich auch eingestehen, dass es ein Verhältnis von Schöpfer zu Geschöpf gibt. Dieses Verhältnis ist in der Schöpfung offenbart. Der Anstand gebietet, dass die Schöpfung dem Schöpfer gehorcht. Der Bauer herrscht nicht über den König. Der König herrscht über den Bauern. Menschen, welche die Reinkarnation verbieten, sollten sich fragen, ob das nicht unverschämt, anmaßend oder gar verrückt ist. Sind diese Menschen noch in Regierungsposition, so wäre es das barmherzigste für sie, wenn der Herr diese Menschen von dieser Position befreit. Möge Allah seine Barmherzigkeit in dieser Sache inshAllah auf die Welt herabkommen lassen. Fatiha.

Montag, der 19.10.2015

11 Uhr 25. <u>Dienen</u>

Dienen ist ein Bezeugen von Reichtum.

<u>Anfang</u>

Am Anfang ist der Weg noch kein Weg.

<u>Alter</u>

Alter bedeutet, eine Wegstrecke der Zeit kennengelernt zu haben.

<u>Ansicht</u>

Eine Ansicht ist wie eine Postkarte.

<u>Beine</u>

Beine sind zum Wandern da.

<u>Blick</u>

Auf was blickt die Seele?

<u>Buch</u>

Jedes Buch ist ein gegangener Weg.

Dauer

Dauer ist die Braut des Weges.

Dankbarkeit

Dankbarkeit ist ein Geschenk.

Dauer und Dankbarkeit

Wer dankbar für die Dauer ist, hat die Ewigkeit.

Männer

Einige Männer bezahlen Frauen, damit diese bei ihnen bleiben und andere Männer bezahlen dafür, dass diese ihnen fern bleiben.

Emotionen

Emotionen sind Raststellen in der Ewigkeit.

Feuer

Feuer wärmt den Wanderer.

Bogen

Ein Bogen kann auch als Wanderstab dienen.

Gehen

Gehen bedeutet einen Schritt nach dem anderen zu tun.

Gruppe

In der Gruppe zu wandern kann angenehm sein.

Helfen

Glücklich ist einer, der helfen kann.

Mittwoch, der 21.10.2015

Für Liebende gibt es weder Schande noch Ehre.

12 Uhr. Ich habe wieder nur 4 ½ Stunden geschlafen. Von Scheich Mehmet Adil Efendi und Bahaudin Efendi habe ich geträumt. Es war ein schöner Traum. Gestern war ich mit einem Bruder und drei Schwestern bei einem Musiker, der Ney- Unterricht gibt. Das ist mein dritter Versuch, Ney spielen zu lernen. Es sieht diesmal wieder nicht vielversprechend aus. Allah hu alim. Was ist sonst noch am Wochenende passiert? Der pakistanische Botschafter kam am Freitag nicht zur Fabrik. Am Samstag war ich bei dem polnischen Bruder. Sonntag war Osmanisches Bogenschießen und danach eine türkische Hochzeit, bei welcher der polnische Bruder und ich uns als Derwische drehen durften. Diese Hochzeit war schön und anstrengend. Elhamdulillah. Mehrere Termine als drehender Derwisch stehen in naher Zukunft an und es scheint in dieser Hinsicht ein schöner Winter zu werden. Elhamdulillah. Eine Freundin und Schwester hat auf Facebook gepostet, dass jemand ein falsches Profil von ihr erstellt hat und

mit diesem pornografische Bilder versendet. Das ist interessant, weil eine andere Schwester mir rät, die gehackte Schwester aus meiner Freundesliste zu löschen. Seit zwei Wochen rät sie mir dazu, doch nur weil sie es mir rät, halte ich es nicht für notwendig. Gestern nun sagte ich dies zu der Rat gebenden Schwester und diese sagte mir, dass der Account der Schwester gehackt worden sein kann und ich vorsichtig mit ihr sein soll. So sieht die Sache natürlich ganz anders aus. Wenn eine Schwester lockeren Umgang mit vielen Leuten hat und sich nicht schützen kann, sollte ich mich zum Selbstschutz von ihr trennen.

Stärke

Stärke muss kontrolliert werden, da sie sonst alles zerstört. Wenn Allah nur Stärke wäre, dann wäre da sonst nichts. Stärke kann nicht durch Stärke bezwungen werden, da nur Stärke übrig bleibt. Stärke kann auch nicht reduziert werden, da es dann nicht mehr Stärke wäre. Stärke ist nur bei bleibendem Zustand Stärke und es muss ihr ein anderer Zustand zur Seite gestellt werden, welcher die Stärke stark bleiben lässt. Dieses Attribut von Allah muss derart beschaffen sein, dass Stärke es nicht zerstören kann. Dieses Attribut ist die Schönheit. Die Stärke muss die Schönheit bewundern. Die Stärke wandert in Bewunderung zur Schönheit und findet dort Frieden. Beides wird durch Mann und Frau in der Welt verkörpert. Männer und Frauen, welche das Osmanische Bogenschießen ausüben, verkörpern in wahrhaftiger Weise Stärke und Schönheit. Ya Haqq.

Freitag, der 23.10.2015

9 Uhr 13. Facebook.

9 Uhr 37. In die Bücherei gehen, wegen einer Magischer Kubus- Deutung. Wo es keine Liebe gibt, existiert auch kein Hass. Dies ist ein Zustand, in dem man danach handeln kann, was im Moment vernünftig ist. Man entscheidet von Engeln umringt.

„Es muss die Richtige sein." Dieser Satz beinhaltet die Eine. Es kann nicht zwei Richtige geben. Die Richtige ist jene für die Ewigkeit. Wenn Großscheich Abdullah Dagestani, Friede auf ihm, der letzte war, der Heilige ausgebildet hat, ist Großscheich Nazim, Friede auf ihm, logischerweise demzufolge der letzte Heilige und Scheich Mehmet Adil Efendi der Verwalter des Heiligen. Der Verwalter und Verteidiger. Dies ist diese Zeit der Verteidigung. Verteidigung muss man sich, wenn man nicht mehr nachgeben kann, um alles zu verlieren. Wenn man nicht mehr nachgibt, sehen die anderen, wofür man kämpft. Diese Offenbarung kann man als das Jüngste Gericht ansehen. Nach einem Gerichtsurteil empfindet der Angeklagte Erleichterung oder Niedergeschlagenheit. Möge Allah uns zu jenen zählen, denen Er Barmherzigkeit zukommen lässt. Fatiha.

14 Uhr 30. Eine ungarische Kamerafrau will Facebook und einen getretenen Flüchtling verklagen, weil diese ihren Ruf nachhaltig beschädigt haben. Seltsam. Sie filmte Flüchtlinge und trat einen. Kameras filmten sie dabei und diese Bilder gingen um die Welt. Was heißt denn hier beschädigter Ruf? Was ist in dieser Sache Fakt? Kann eine kranke Person sich selbst heilen? Allah hu alim. Möge Allah uns allen vergeben und uns nur in einen schönen Film mitmachen lassen. Fatiha.

12 Uhr 43. Die Blätter fallen zu Boden. Es ist windig. Nun kann man, wenn man Blätter sehen will, zu Boden sehen. Der Blickwinkel ändert sich. Die Blätter sind die gleichen wie im Frühling und Sommer, doch ihr Standort ist ein anderer. So ist es im Leben. Das Ziel ändert manchmal seinen Standort und wer dann stur auf seinen eingeschlagenen Weg beharrt,

verfehlt das Ziel. Der Weg ist nicht das Ziel. Das Ziel ist das Ziel. Endlichkeit ist nicht Unendlichkeit. Barmherzigkeit ist es, wenn das Nichtvertrauen einer Person gegenüber im Nachhinein bestätigt wird. Das gibt wieder Vertrauen zum Kompass des eigenen Herzen.

13 Uhr 18. Die syrischen Rebellen sind zerstritten. Diese Zerstrittenheit wird ihnen auch vorgeworfen. Einer der Kommandeure hat sich diesen Vorwurf zu Herzen genommen und ist zurückgetreten. Tatsächlich ist es besser, wenn einer redet, statt mehrere durcheinander. Kann es beim Kämpfen anders sein? Scheich Mehmet Adil Efendi als einzigen Scheich anzusehen, würde die zersplitterte Gemeinschaft einen. Doch auf Rücksicht auf die Schüler, welche nicht so weit sind, wird ihnen die aktuelle Sicht erlaubt. Man kann Schülern auch nicht Wissen aufbürden, dass sie nicht tragen können. Jeder Mensch ist einzigartig und hat seine eigene Stufe. Kriegt er mehr zu tragen, als er kann, zerbricht der Schüler unter dieser Last und seine Stufe mit ihm. Alles, was mehr ist, als man mit Liebe tragen kann, ist Last. Belastungsprobe. Last ist auch Verantwortung. Welche Worte gibt man seiner Last? Sind es liebevolle oder weniger gut gemeinte?

Montag, der 26. 10. 2015

10 Uhr 6. Blätter fallen wie Tropfen eines Wasserfalls. Ein grün- gelber Blätterfall mit seinem eigenen Rauschen. Die Sonne scheint. Elhamdulillah.

Cry me a river

Cry me a river.

Cry me a river.

Cry me a river.

Cry me a river.

Dieses Lied von Justin Timberlake füllt die Dunkelheit und bewegt diese. Schwarze Masse. „Cry me a river." Augen öffnen sich und sehen in der Ferne und dort bis in das kleinste Detail eine Frau, die salzige Tränen vergießt. Diese Tränen fließen in den Ozean der Weisheit. Mit dieser Frau stimmt etwas nicht. Sie hat kein Licht und eine Aura der Dunkelheit. Der See ihrer Tränen ist nicht lebensspendend, sondern wie Säure. Menschen, die ihr Trost spenden wollen, verletzen sich und halten sich von ihr fern. Sie hat die Dunkelheit geheiratet und ist schwanger. Die sie sehenden Augen wenden sich von der Dunkelheit ab. Ein in Weiß gekleideter Derwisch nimmt den mp3- Player ab. Das Lied ist nicht mehr zu hören. Der Derwisch nimmt einen Bogen und Pfeil und steigt auf einen Berg empor. Oben angekommen, fängt er an sich gegen den Uhrzeigersinn zu drehen. Er wird schneller und schneller. Als sein Herz das Zeichen dafür gibt, spannt er den Bogen und lässt den Pfeil von der Sehne schnellen. Mit einem lauten „Ya Haqq" fliegt der Pfeil nach links geneigt einen spiralförmigen Kreis und landet nach einer Umdrehung. Der Derwisch stoppt das Sema und geht mit dem rechten Fuß zuerst zum gelandeten Pfeil. Dieser ist hunderte Meter weit geflogen und der Derwisch weiß, dass dieser Bereich um die Bergspitze nun ein Teil des Paradieses ist. Aus der Bergspitze entspringt nun eine klare Wasserquelle und speist die wenige Vegetation. Der Derwisch kniet sich nieder, legt die Stirn auf den Boden und dankt Allah dafür. Elhamdulillah. Dankbarkeit schenkt viele neue Möglichkeiten.

Zeit vergeht. Täler füllen sich mit Dunkelheit. Schwere Geburt. Schwarze Tränen aus den Augen einer jungen Mutter. Die Geburtshelfer haben Dunkelheit an ihren Händen. Schwere

zieht sie nach unten. Depression. Die Stimmen in den Tälern werden weniger. Ein Name erreicht das geschützte Gebiet auf dem Berg. Dann Stille und noch mehr Weinen. Der Derwisch erhebt seinen Kopf aus der Niederwerfung und sieht einen schwarzen Fleck auf dem weißen Gewand in der Herzgegend. „Estagfirullah" lässt er in seinem Herzen erklingen und eine gefühlte Ewigkeit reinigt diese Reue sein Herz, bis der schwarze Fleck verschwunden ist. Zeit vergeht und die schwarze Flut steigt weiter und weiter an. Stille. Bis auf einen Berg gibt es nur dunkle Stille. Der Derwisch pflegt weiter seinen Garten Eden. Manchmal sät er Samen des ihm anvertrauten Gartens in der Schwärze aus und inshAllah wächst aus den Samen dann etwas und vertreibt die Dunkelheit. Langsam breiten sich Pflanzen ausgehend von der Bergspitze weiter aus. In unregelmäßigen Abständen erscheint die Mutter der Tränen an der grünen Grenze und der Derwisch wirft ihr dann einen Apfel zu. Die Mutter der Tränen zieht sich dann wieder in die Dunkelheit zurück. Ihr schwarzes Gewand raschelt müde. Matte Augenblicken zum sonnendurchfluteten Garten. Aus den Apfelkernen wachsen keine Apfelbäume im Schwarzen Land, doch Allah hu alim; inshAllah durch mit dunklen Tränen gegossen Schwarze Rosen. Blühen bedeutet Leben.

Dienstag, der 27.10.2015

10 Uhr 40. Elhamdulillah. Mein Herz ist ganz leicht, lichtvoll und geweitet. Die Sonne scheint und dieser Moment ist so voller Barmherzigkeit. Dabei hat der Tag zäh angefangen. Ich bin mit nicht so freundlichen Gedanken an eine Frau aufgestanden und habe diese Gedanken noch eine Zeit lang mit mir getragen. Diese Gedanken zogen mich herunter und als erste Maßnahme dagegen gab ich beim Späti eine Geldspende für diese Frau. Kurz vor der Arbeit sprach ich eine Fatiha für sie und auf der Arbeit machte ich la ilahe illa llah- Zikir für diese Frau mit der Absicht, dass Allah inshAllah mit jedem la ilahe illa llah einen Engel erschafft, der dieser Frau licht, Liebe und Selam in ihr Herz gibt. Jetzt nach dem Frühstück warf ich mit jeweils einer Frage an Allah eine Münze, um meine Fragen in Bezug auf diese Frau beantworten zu lassen und jetzt befinde ich mich im Frieden. Elhamdulillah.

Mittwoch, der 28.10.2015

15 Uhr 20. Elhamdulillah. Endlich komme ich dazu, das Wochenende niederzuschreiben. Der Freitag war okay, doch wieder ohne pakistanischem Botschafter. Diesen Freitag will ich eigentlich statt zur Fabrik woanders hin gehen. Wenn die Pflicht nichts anderes erwartet, werde ich einen türkischen Musiktherapeuten bei einem Auftritt in einer Kirche sehen. Zu der Musik dieses Bruders habe ich unter anderem das Derwischdrehen gelernt. Etwas Seltsames ist am Freitag in der Fabrik schon geschehen. Eine Schwester erzählte mir von einem Paar, dass ihr Baby verloren hatte. Das musste so kommen, damit Erkenntnis geboren werden konnte. Die haben sich dann auch getrennt. Das sollte so sein. Keine Ahnung, weshalb sie mir das erzählte. Ich hatte das Gefühl, dass diese Information zu mir sollte, doch was ich damit machen soll, weiß ich noch nicht. Allah hu alim Der Samstag darauf war im Zeichen von Bahaudin Efendi. In der ältesten Berliner Moschee kam er. Dort war es kalt. Die meisten ließen ihre Jacken an. Dementsprechend kurz war die Veranstaltung. Zikir; eine kurze Sohbet und dann noch etwas Herzlesen. Der Sonntag war sehr schön. Nach dem Osmanischen Bogenschießen ging ich nach Hause, duschte und dann war es auch schon fast soweit für den Weg zum „Ozean der Weisheit". Kurz vor dem Rausgehen erhielt ich noch einen Anruf, in dem mir gesagt wurde, dass ich Bogen und einen Pfeil mitnehmen sollte. Tamam. Mit dem Derwisch Gewand, Pfeil und Bogen bin ich dann also zum „Ozean der Weisheit". Ich kam rein und mir wurde gesagt, was mit Pfeil und Bogen geschehen sollte. Ein kleines Intro für

Bahaudin Efendi war geplant. Die Osmanischen Bogenschützen sollten Spalier stehen und ihn würdig empfangen. Als es dann soweit war, wurde draußen der rote Teppich ausgerollt und die Osmanischen Bogenschützen nahmen Aufstellung. Warten hieß es dann und in diesem Warten war ein kleiner Schatz aus Licht versteckt. Vom Mietshaus her kam eine wunderschöne Frau aus dem Haus heraus. Ich sie sie und sagte zu ihr: „Das hast du dir immer gewünscht." Sie lächelte und schritt auf einem roten Teppich mit Ehrengarde aus dem Eingang des Hauses auf den Bürgersteig heraus. Ich bin mir sicher, dass es wenige Menschen gibt, welche den Abend schöner begonnen haben, als diese Frau. Möge Allah den Segen dafür allen Osmanischen Bogenschützen geben. Fatiha. Als Bahaudin Efendi kam, wurde Feuerwerk entzündet, Rosenblüten wurden verstreut und die Osmanischen Bogenschützen begrüßten Bahaudin Efendi mit angelegtem Bogen und dem Pfeil mit den Federn nach oben. Zwei Bogenschützen standen sich am roten Teppich gegenüber du hielten ihre Pfeile so, dass die Federn sich berührten. Als der Gang von Bahaudin Efendi über dem roten Teppich vorbei war, hieß es rein in die Dergah. Begrüßung. Zikirbeginn. Der polnische Bruder und ich sollten uns drehen. Elhamdulillah. Wir zogen uns im Bad um da das Zikir gerade erst begonnen hatte, hätten wir genug Zeit zum Umziehen haben müssen. Beim Umziehen jedoch hörten wir das la ilahe illa llah und kurze Zeit später klopfte es an der Tür. Viel zu schnell. Bahaudin Efendi musste das Zikir verkürzt haben. Wir beeilten uns und der polnische Bruder sollte als erster raus, da er den ganzen Tag Zeichen bekommen hatte, die zeigten, dass er sich als Derwisch bei Bahaudin Efendi drehen sollte. Ich hatte diese Zeichen nicht bekommen. Er ging voran und drehte sich. Ich als zweiter bei Allah. Das Zikir wurde dann noch richtig schön und wir drehten uns noch einmal. Danach gab es Kuchen und eine kleine Vorführung der Brüder vom „Ozean der Weisheit" und der Abend endete wirklich schön. Vorgestern hatte ich dann das Gefühl, dass der „Ozean der Weisheit" gereinigt wurde. Ich bin da einige Zeit nicht hingegangen, da ich das Gefühl hatte, dass der Ozean verschmutzt worden war. Doch nach dem Besuch von Bahaudin Efendi bin ich von diesem Gefühl befreit worden. Elhamdulillah. Gestern bekam ich die Erklärung für die Verkürzung des Zikirs. Es soll unruhige Energie im „Ozean der Weisheit" gewesen sein, so dass Bahaudin Efendi das Zikir umstrukturiert hatte. Er hatte also die Wogen der Energien geglättet. Elhamdulillah. Der Sonntag war schön und die Nachwirkungen des hohen Besuches sind es auch noch.

Wachsen

Das Wachsen ist ein Vorgang, der dafür sorgt, dass man eine Grenze überwindet und das Gewachsene sicherweitert. Es ist mehr geworden. Dieses Mehr ist nun ein Meer an Möglichkeiten. Ozean. Je mehr Möglichkeiten man hat, desto kreativer kann man sein. Das Sein ist dann voller lichtvollem Potential.

Über was soll geschrieben werden? Was lohnt sich zu lesen? Was kann man einem Leser empfehlen? Wenn ich die Möglichkeit hätte, doch hey, nun bittet sich diese ja, dann würde ich in einem Roman mit dem Titel" Bogenschießen mit einem unverschämten Derwisch" ein kleineres, jedoch wichtigeres Buch mit Allem verstecken. Das würde dann das „Buch der Donner und Blitze" heißen, aus 23 Seiten bestehen und der Inhalt wäre:

Allah

Allah

Allah

Allah

Allah

Allah

Allah

Allah

Allah

Allah

Allah

Allah

Allah

Allah

Allah

Allah

Allah

Allah

Allah

Allah

Allah

Allah

Allah

Allah

Allah

Allah

Allah

Allah

Das wäre lesenswert.

Donnerstag, der 29.10.2015

12 Uhr 10. Am Sonntag sind in der Türkei Neuwahlen. Scheich Mehmet Adil Efendi soll gesagt haben, dass die Gemeinschaft Erdogan wählen soll. Die ganze Welt schaut auf die Türkei und diese Wahl ist wichtig. Seitdem mache ich Extrazikir für die Türkei mit der Absicht, dass Allah mit jedem la ilahe illa llah einen Engel erschafft, welcher die Türkei Licht, Liebe und die richtige Wahl in die Herzen der Türken gibt. Fatiha. Zum Bürgerkrieg soll es in der Türkei trotzdem kommen, doch mit einer absoluten Mehrheit für Erdogan wären die Gottergebenen bei diesem Konflikt in einer stärkeren Position.

Samstag, der 31.10.2015

16 Uhr 42. Etwas müde bin ich. Eine Bücherspende bei der Bücherbox habe ich abgegeben und Allah darum gebeten, dass der Segen dieser Spende an Erdogan Efendi und die AKP für die morgige Türkeiwahl geht. Einem U- Bahnmusiker habe ich mit der gleichen Absicht Geld gegeben. Bei dem Heiligen am Columbiadamm war ich und habe Allah darum gebeten, dass Allah Salah Efendi zu Ehren der AKP die absolute Mehrheit gibt, denn die absolute Mehrheit kommt der Eins am nächsten. Eine Koalition wäre weniger einheitlich und der Zwei näher. Auf dem Weg zum Heiligen betrachtete ich die ganze Zeit einen Kussfleck auf einer U-Bahnscheibe. Manchmal ist dies das einzige, das von einer weltlichen Liebe übrig bleibt und dann hat ein anderer auch den Job, dieses zu entfernen. Allah hu alim.

Im Internet gebe ich beim prayer-wheel Projekt die Bitte an Allah ab, dass die AKP morgen 51% der Stimmen kriegt. Die elektrische Gebetsmühle dreht sich. Elhamdulillah. Nun noch auf Facebook eine Gebetsgruppe darum bitten, auch dafür zu beten und dann werde ich mich etwas ausruhen, um mich dann als drehender Derwisch heute Abend fertig zu machen.

Sonntag, der 1.11.2015

Facebook. post vom Roten Derwisch:

„ Bismillah ir rahman ir rahim. Heute lässt Allah mich wieder in einer Kirche drehen und meine Absicht ist es, mich für die Türkei morgen zu drehen. Möge Allah es so annehmen, dass mit jeder Drehung die Herzen der Türken in die richtige Richtung gewendet werden; zu Ehren des Propheten Mohammed, Friede sei auf ihm, Maulana Rumi, Friede auf ihm, Großscheich Nazim, Friede auf ihm, Scheich Mehmet Adil Efendi und Scheich Esref Efendi. Mögen die Türken morgen dem Licht gehorsam sein, wie es im Mesnewi steht:" Wehe dem, der gestorben ist und dessen Ungehorsam nicht gestorben ist; hüte dich davor, zu denken, dass er durch den Tod seine Seele gerettet hat." Denn ohne Zweifel bedeutet gläubig nicht gleich Gott ergeben. „

Acht Leuten gefällt das.

13 Postkarten mit einem Osmanischen Bogen, Pfeilen und Köcher liegen vor mir. Ich habe mit einem kleinen Bogen und einem Streichholz als Pfeil Bogenschießen über ihnen gemacht, so dass Allah sie jetzt als Teil des Paradieses annimmt. Diese Postkarten schicke ich mit der Absicht los, dass Allah inshAllah die Strecken zwischen hier und den Zielorten zum Paradies macht. Genauso wird es mit diesem Roman. Was ist er nichts anderes als ein geistiger Pfeil? Möge Allah auch die Strecken zwischen mir und den Lesern zum Paradies machen. Fatiha.

Erdogan und die AKP haben die Wahl in der Türkei gewonnen. Das Warten auf Mahdi a.s. wird mit weniger Leiden verbunden sein. Elhamdulillah. Die Gemeinschaft ist gereinigt und öffnet sich wieder nach außen. Elhamdulillah. Bei einer Reinigung wird Schmutz entfernt und ich bin Elhamdulillah noch bei meinem Scheich. Das Ende ist wahrhaftig gut.

Ich danke Allah, dass Er mir die Kraft gegeben hat, das hier schreiben zu dürfen. Ehre, Licht und Haqq auf den Propheten Mohammed, Friede sei auf ihm, die ehrenvolle Goldene Kette der Naqshibandi und meinem Scheich Esref Efendi. Wenn dir lieber Leser etwas hier Licht gegeben hat und du dich bedanken willst, so sprich bitte ein Gebet für Scheich Esref Efendi.

Adressen:

Inneres und äußerliches Bogenschießen:

Osmanische Bogenschule Berlin

(Osmanli Okcu Tekkesi Berlin)

Inneres Bogenschießen:

Sufi Zentrum Rabbaniyya

78253 Eigeltingen- Reute

Literaturquellen:

Koran; Heyne Verlag, 22. Ausgabe

Die Erzählungen der Chassidim; Martin Buber- Manesse Verlag

Bibel

Bhagavad Gita - ISKCON Deutschland

Tao te King – Lao-tse; Reclam Verlag

Made in the USA
Columbia, SC
08 October 2017